租税理論研究叢書……………………29

税制改革の今日的課題

日本租税理論学会 [編]

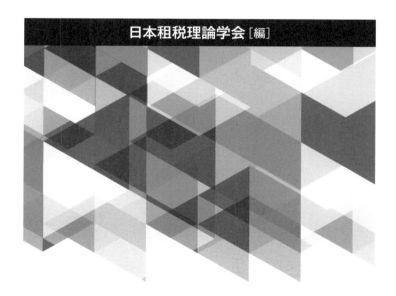

財経詳報社

叢書 29「税制改革の今日的課題」によせて

　2018 年度大会および会員総会が，2018 年 12 月 22 日（土）および 23 日（日）の両日，東京・練馬にある大東文化大学大東文化会館（大会幹事：髙沢修一理事・事務局長）において開催された。租税理論研究叢書 29 は，この 2018 年度（第 30 回）研究大会の一般報告，シンポジウムの報告と質疑応答「討論」を収録したものである。

　一般報告（自由論題）では，①「トランプ税制改革：私立大学内部留保課税の導入～私大への過大基本財産投資所得課税の所在～」（石村耕治会員），②「租税立法と法理論」（浅野善治会員）について，それぞれ報告が行われた。①石村報告では，アメリカ有名私大が内部留保を膨らます現状，それに対する連邦議会の立法的な対応（新たな内部留保課税）について詳細に分析，「学生が主役」の私大財務および税制のあり方を点検している。②浅野報告では，長年国会の法制局の現場で議員立法や政府立法にかかわってきた報告者の経験を踏まえ，租税立法のあり方を分析された報告である。研究者が立法過程のあり方を精査するうえでも有益である。

　2018 年度研究大会では，シンポジウムのテーマを「税制改革の今日的課題」とした。このテーマに沿って，第 1 部では，わが国での税制改革の課題について報告が行われた。また，第 2 部では，米・英・独での税制改革の課題について報告が行われた。

　シンポジウム第 1 部では，司会を阿部徳幸会員が務められた。①「わが国の所得税の現状と課題」（伊川正樹会員），②「法人税法 22 条の 2 の検討（『収益認識基準に関する会計基準』の公表と『法人税法第 22 条の 2』の新設）」（長島弘会員），③「相続税の性格の再検討──キャピタルゲイン課税との関係の視点から──」（木村幹雄会員）について，それぞれ報告が行われた。シンポジウム第 2 部では，司会を望月爾会員が務められた。①「トランプ税制改革（2017年減税・雇用法）の特徴と課題～企業課税，国際課税の側面を中心に～」（河音琢郎会員），②「ドイツにおける近年の企業税改革について」（安井栄二会員）について，それぞれ報告が行われた。

今回のシンポジウムでの研究報告の核となったのは，第1部では，わが国の所得税・法人税・相続税にかかる税制改革の今日的な課題である。なじみ深い課題が多い。「報告」をベースに，望月爾会員の司会で行われた質疑応答「討論」では，参加者から積極的な異論・反論も出された。第2部では，①河音会員が，米租税改革における法人税率のフラット化や，国際課税面での全世界課税方式から領土内課税方式（テリトリアル課税方式）への移行に伴う一括強制みなし配当課税（国外留保金課税/本国還流税/one-off deemed repatriation tax of foreign earnings），通称「レパトレ課税（repatriation tax）」などについて，財政学の視点から有益な報告を行った。②安井会員は，法人税の欠損金制度について，わが国とドイツの税制上の取扱いについて，比較税法の視点から報告を行った。米・英・独では，わが国の法人税制で採られている「益金」，「損金」の概念を採用していない。また，わが国と異なり，個人も法人と同様に所得類型別課税の仕組みを採用していない国もある。比較税法，比較税制について論じる場合には，こうした違いも織り込んで検討する必要があるのではないか。こうした点を精査するうえでも，各報告者の基礎的な研究「報告」に基づいて，研究者と実務家が一体となって多角的に議論が展開され，本叢書に収録された「討論」は貴重である。

　末尾ながら，2018年度大会・会員総会の開催・運営にご尽力いただいた大東文化大学経営学部教授の髙沢修一事務局長とその関係者の皆さまに心から感謝申し上げる。

　また，本学会の租税理論研究叢書の発行にご尽力いただいている財経詳報社，同社の宮本弘明社長に対して心からお礼申し上げる。

石村耕治（日本租税理論学会理事長・白鷗大学）

目　次

「税制改革の今日的課題」によせて ……………………………石村　耕治　i

I　一般報告

トランプ税制改革：私立大学内部留保課税の導入
…………………………………………………………………石村　耕治　3
　～私大への過大基本財産投資所得課税の所在～

租税立法と法理論……………………………………………浅野　善治　45

II　シンポジウム第一部　わが国税制改革の課題

1　わが国の所得税の現状と課題………………伊川　正樹　63

2　法人税法22条の2の検討……………………長島　弘　79
　——『収益認識基準に関する会計基準』の公表と『法人税法第22条の2』の
　　新設——

3　相続税の性格の再検討………………………木村　幹雄　100
　——キャピタルゲイン課税との関係の視点から——

iii

Ⅲ　シンポジウム第二部　各国の税制改革の動向

1 トランプ税制改革（2017年減税・雇用法）の特徴と
　　課題………………………………………河音　琢郎　117
　　―企業課税，国際課税の側面を中心に

2 ドイツにおける近年の企業税改革について
　　………………………………………………安井　栄二　134

3 討　論　税制改革の今日的課題………………………… 155
　　〔司会〕
　　　　阿部徳幸／望月　爾
　　〔討論参加者〕
　　　　浅野善治／伊川正樹／石村耕治／奥谷　健／粕谷幸男／一由俊三／
　　　　河音琢郎／木村幹雄／黒川　功／湖東京至／鶴田廣巳／長島　弘／
　　　　藤間大順／松井吉三／安井栄二／山本健治

日本租税理論学会規約
日本租税理論学会理事名簿

■執筆者紹介（執筆順）

石村　耕治	（いしむらこうじ）	白鷗大学名誉教授
浅野　善治	（あさのよしはる）	大東文化大学副学長・大東文化大学大学院法務研究科教授
伊川　正樹	（いがわまさき）	名城大学法学部教授
長島　　弘	（ながしまひろし）	立正大学法学部准教授
木村　幹雄	（きむらみきお）	愛知大学経営学部准教授・税理士
河音　琢郎	（かわねたくろう）	立命館大学経済学部教授
安井　栄二	（やすいえいじ）	立命館大学法学部准教授

I　一般報告

2018 年 12 月 22・23 日　第 30 回大会（於　大東文化大学）

トランプ税制改革：私立大学内部留保課税の導入
～私大の過大基本財産投資所得課税の所在

石 村 耕 治
（白鷗大学名誉教授）

はじめに

　トランプ税制改革（Trump tax reforms）を実現するための 2017 年減税・雇用法（TCJA＝Tax Cuts and Jobs Act of 2017）（以下「トランプ税制改革法（TCJA）」ともいう。）は，2017 年 12 月 22 日にトランプ大統領の署名を得て成立，2018 年 1 月 1 日に施行された。トランプ税制改革法（TCJA）では，営利企業に関しては，法人税の引下げ（21％のフラット化）や法人の代替ミニマム税（AMT＝alternative minimum tax）の廃止など重要な改正が行われた。一方，非営利公益団体（non-profit charitable organizations）に関しては，私立大学（以下，たんに「私大」ともいう。）に関連する改正が目立った。具体的には，内部留保（total reserve funds）の適正化や役員報酬の適正化のための課税強化，個人が支出する公益（慈善）寄附金控除（charitable contribution deduction）枠の拡大などの改正が行われた。[1]

　一部有名私大は，内部留保ともいえる巨額の基本財産（endowments）[2] を抱えている（添付【資料１】参照）。トランプ税制改革法（TCJA）では，こうした基本財産を投資して得た果実（investment return/投資所得）に対し，1.4％の規制税（excise tax）を課すことにした。また，大学の各役員や各従業者に対して支払われた年間報酬額が 100 万ドル（以下，＄１＝100 円で換算。1 億円）を超えている場合には，超過支払額に対して 21％の法人税率で大学に規制税を課すことにした。

　今回，私大の投資所得をターゲットとした形で内部留保課税が実施されたが，その背景には，公器であるはずの私大がキャンパスをタックス・ヘイブン（無

税地帯）のように見立てて，学生そっちのけで錬金に走る私大経営陣に対する連邦議会共和党良識派の強いいらだちがあった。いわく「私大の学費は年々高騰し，低・中所得世帯出身の若者には手が届かない学びの場となっている。約7割の学生が学費を工面するために学費ローンを組み，平均5万ドルのローンを背負って卒業する。卒業後5年以内に返済不能になる卒業生が5割を超える。この状況を尻目に，私大役員は高額報酬を享受し，大学の基本財産は年々膨らみ，そこから生じる投資所得は巨額になっている」。

言い換えると，今回の法改正における連邦議会（共和党）の立法意思は，「私大に対して，寄附・出捐を受けた基本財産を必要以上に内部留保に積み増したり再投資に回すのではなく，格差社会の解消に知恵を絞り，できるだけ教育内容の改善や無償奨学金を充実することで，厳しい経済状況で現在学んでいる学生，あるいはこれから学ぼうとする人たちなどに向けて，大学本来の教育・研究事業（educational and scholarly activities）に費消・還元（payouts）せよ，支出・給付（distribution）せよ！」というものである。

【図表1】　アメリカ大学の基本財産（エンダウメント）の仕組み

今回の内部留保課税で，全米におおよそ5,000校ある私大のうち富裕な30校ほどがターゲットとなる。例えば，ハーバード大学（Harvard University）は，2017年会計を基にすると納税額【371億ドル（2017年度の基本財産運用額）×8.1％（2017年度のリターン率）×1.4％（税率）】は約4,082万ドル（40億円超）に上る。また，マサチューセッツ工科大学（MIT＝Massachusetts Institute of Technology）は，納税額【148億ドル×14.8％×1.4％】が約3,000万ドル（30億円超）に上る。この改正を協議した連邦議会上下両院協議会（Conference

Committee）によると今後 10 年間で約 18 億ドル【約 1,800 億円】の財政収入が見積もられている[4]。

　この私大に対する内部留保課税は，今後，拡大の方向をたどるのか，あるいは政権交代などにより廃止の方向に向かうのかは定かではない。

I　今回の改正を知るための連邦非営利公益団体課税制度の基礎

　連邦税法〔内国歳入法典/IRC = Internal Revenue Code, 以下「IRC」ともいう。〕において課税除外（免税）となる非営利公益団体は多様である。これらのうち，中核を占めるには，IRC 501 条 c 項 3 号上の団体（以下「501c3 団体」という。）である。IRC は，501c3 団体を，さらに，その公益度に応じて，「公益増進団体（public charities）」と，「私立財団（private foundations）」に分類している。「公益増進団体」にあてはまる 501c3 団体に支出する寄附金控除限度額を高く設定している。一方，「私立財団」にあてはまる 501c3 団体に支出する寄附金控除限度額を低く設定している。これにより，差別化を図っている。「私立財団」は，1996 年の税制改正ではじめて類型化された。そのねらいは，規制税（excise tax）を賦課することにより，私立財団の一定の不適切な取引や行為に対して公的規制を加える仕組みになっている（IRC 4940 条〜 4946 条）。私立財団（private foundations）による不適切な取引や行為に対する規制税の仕組みが整備された以降も，公益増進団体（public charities）による不適切な取引や行為に対する規制は，連邦課税庁（内国歳入庁/IRS = Internal Revenue Service, 以下「IRS」ともいう。）が放置するか，あるいは課税除外（免税）資格のはく奪か，二者択一の状態に置かれていた。しかし，1990 年代に，大型公益増進団体であるユナイテッド・ウエイ（United Way）の乱脈運営の発覚などを契機に，1996 年の税制改正法で，公益増進団体を対象とした中間制裁（intermediate sanctions）の仕組みが導入された。

1　アメリカの非営利公益団体法制と税制のあらまし

　報告の本題に入るに先立ち，最初に，法人法制や連邦法人所得税制全体からみた場合のアメリカの私立大学の所在について精査する。

（1） アメリカの法人法制における私立大学の所在

アメリカの場合，私法人法制（任意団体を含む。以下同じ。）の準拠法（governing laws）は，原則として，各州法（コロンビア特別区/ワシントンD.C.および属領等を含む。）による。

【図表2】 州法人法制における私立大学の所在

《大学の類型》　　《設立準拠法》
- 私立大学 → ・各州の法人法（私法人）　・営利法人（会社法）
　　　　　　　・各州の特定大学設置法　・非営利公益法人
- 州立（公立）大学 → ・各州の機関
　　　　　　　　　　・各州の制定法に基づく独立行政法人（公法人）

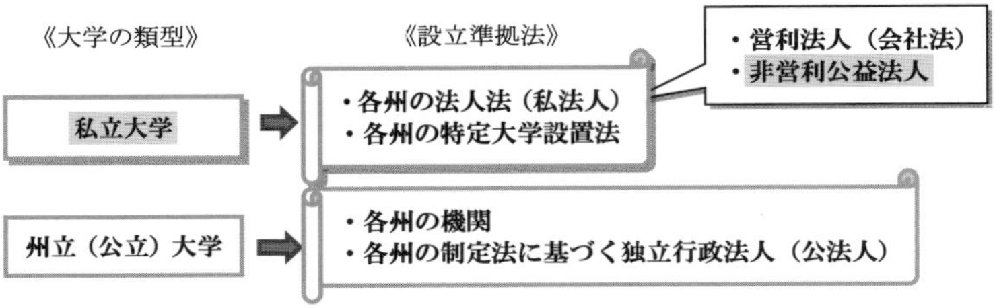

（2） アメリカ税制上の私立大学への課税取扱いを精査する際の基礎知識

アメリカ税制上の私立大学への課税取扱いは，以下のように，課税ベースごとに精査することができる。また，連邦税については，連邦課税庁（IRS）の非営利部門が所轄している。

【図表3】 私大課税を精査する際のポイント

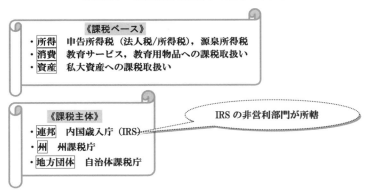

《課税ベース》
- 所得　申告所得税（法人税/所得税），源泉所得税
- 消費　教育サービス，教育用物品への課税取扱い
- 資産　私大資産への課税取扱い

《課税主体》
- 連邦　内国歳入庁（IRS）……IRSの非営利部門が所轄
- 州　州課税庁
- 地方団体　自治体課税庁

アメリカの大学は，大きく「州立（公立）大学」と「私立大学」に分けられるが，それぞれに対する連邦所得課税の取扱いは，次のとおりである。

【図表4】 大学への連邦所得課税取扱い

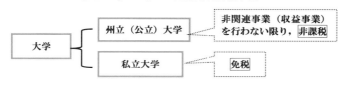

　連邦所得課税上，州立（公立）大学は，教育事業は「非課税」となる。一方，私立大学は，教育事業は「免税」になる。ただし，双方の大学とも，教育事業と関連しない収益事業（非関連事業）は「課税」となる。なお，税法理論上，「非課税」と「免税」の違いは，次のとおりである。

【図表5】 非課税と免税の違い

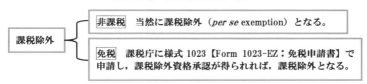

　私立大学は，連邦課税庁（IRS）に免税承認申請をして承認が得られれば，教育事業は「免税」になる。免税承認申請書のサンプル（抜粋）は，次のとおりである。

《サンプル書式抜粋 1023-EZ：法典 501c3 免税承認簡易申請書》

　私立大学を含む連邦非営利公益団体の非関連事業（収益事業）所得課税の仕組みは，次のとおりである。[5]

【図表6】 連邦非営利公益団体に非関連事業（収益事業）所得課税の仕組み

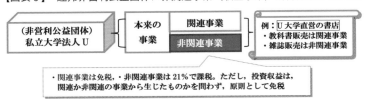

2 連邦税法上の「公益増進団体」と「私立財団」とは

　連邦所得課税は，私立大学を含む非営利公益団体を，「公益増進団体（public charity）」と「私立財団（private doundation）」に分類し，かつ，「私立財団」を，「事業型（operating）」と「助成型（non-operating）」に分けて行われる。

(1) 「事業型」と「助成型」の区分と所在

　私立大学を含む非営利公益団体課税における「事業型私立財団」と「助成型私立財団」の区分とその所在は，次のとおりである。

【図表7】公益増進団体と私立財団の区分

```
┌──────────────────────────────────────────────┐
│   IRC501条c項3号上の公益（慈善）団体           │
└──────────────────────────────────────────────┘
┌──────────────────────────────────────────────┐
│     公益増進団体（パブリック・チャリティ）       │
│ (a)特掲団体（パブリック・インスティチューションズ）│
│     i)   宗教団体                              │
│     ii)  教育機関                              │
│     iii) 医療研究機関      IRC509条a項1号上の団体│
│     iv)  公立大学支援団体                      │
│     v)   政府機関                              │
│ (b)第一種公的出捐（パブリックサポート）団体      │
│ (c)〜1 地域共同体財団      IRC509条a項1号上の団体│
│        （地域共同体信託）                      │
│ (d)第二種公的出捐（パブリックサポート）団体 ── IRC509条a項2号上の団体│
│ (e)公益増進団体後援団体 ──── IRC509条a項3号上の団体│
│ (f)公共安全試験団体 ──────── IRC509条a項4号上の団体│
│       公益増進団体（(a)〜(f)に　該当しない場合）  │
│       私立財団（プライベート・ファウンデーション）│
│ (a) 事業型私立財団（プライベート・オペレ │(b) 非事業型私立財団（プライベート・ノン│
│     ーティング・ファウンデーション）    │    オペレーティング・ファウンデーション）│
│            IRC4942条j項3号上の区分              │
└──────────────────────────────────────────────┘
```

トランプ税制改革：私立大学内部留保課税の導入

（2）　トランプ税制改革前の寄附金控除限度額のあらまし

　トランプ税制改革前の公益増進団体ならびに事業型私立財団および助成（非事業）型私立財団に関する連邦税法（IRC）上の公益（慈善）寄附金控除限度額のあらましを図示すると，次のとおりである。[6]

【図表8】　連邦所得税上の「公益増進団体」および「私立財団」への寄附金

項目＼種類	公益増進団体	私立財団	
		事業型	助成型
個人の寄附金控除（現金）	50%まで	50%まで	30%まで
（評価性資産）	原則30%まで	原則30%まで	20%まで
遺贈への控除	全額	全額	全額
法人寄附金控除限度額	課税所得の10%まで	同左	同左
（現金）	課税所得の10%まで	同左	同左
投資収益課税（規制税）	なし	2%（または1%）	2%（または1%）
公益性確保のための各種課税	あり（中間制裁）	あり	あり

＊1　公益増進団体（public charities）に支出した寄附金にかかる控除は，公共安全試験団体（IRC509条 a 項4号）には適用なし。
＊2　個人の公益（慈善）寄附金控除は，概算控除（standard deduction）対象者（non-itemizers）には認められない。言い換えると，項目別控除対象者（itemizers）の場合で，項目別控除調整後総所得（AGI＝Adjusted Gross Income）をもとに計算される。
＊3　連邦遺産税は，非課税である。

3　規制税の課税対象となる取引や行為

　私立大学を含む連邦非営利公益団体の非関連事業（収益事業）所得課税における「私立財団」とは，税法固有の概念・類型である。1996年の税制改正ではじめて類型化された。そのねらいは，非営利公益団体のうち，過度な投資や自己取引を規制することにある。連邦課税庁（IRS）は，過大な内部留保や不適切な取引をする非営利公益団体には，免税資格承認を取り消すことができる。しかし，免税資格取消しは，非営利公益団体の善意のステークホルダーや職員は多大な不利益を及ぼす。そこで，免税資格取消前の段階で，中間制裁（intermediate sanction）として，規制税（excise tax）を課すことにした。

【図表9】　私立財団に対する規制税のねらい

> 一部の富裕層が同族支配の色合いの濃い財団（基金）を設立し，公益性の高い団体に認められている税制上の支援措置を節税スキームとして濫用することにストップをかけること。

1996年税制改正（その後の改正を含む。）により，規制税の課税対象となる取引や行為を一覧にすると，次のとおりである。

【図表10】　規制税の課税対象となる取引や行為

❶私立財団の投資所得（Excise tax based on investment income）（IRC 4940条）
私立財団の純投資所得（net investment income）に対しては，原則年2%の規制税が賦課される。ただし一定の要件を充たす場合には1%に減額される（二段階課税制/two-tier tax regime）。
❷自己取引（Tax on self-dealing）（IRC 4941条）
財団と財団関係者など不適格者との間での自己取引（利益相反取引）は禁止される。自己取引を行った不適格者には，当初，5%の規制税が賦課される。是正されない場合には，200%の規制税が課される。一方，その取引に関わった理事など財団管理者（manager）には当初2.5%，是正されない場合には50%の規制税が賦課される。
❸私立財団の本来の事業への最低強制支出（Tax on failure to distribute income）（IRC 4942条）
私立財団は，前課税年末の投資資産の5%以上を助成事業や公益目的事業に支出するように求められる。適格支出がなされない場合，財団には，未支出額に15%の規制税が課される。是正されない場合には，規制税率は順次，30%，100%と高くなる。
❹私立財団の過大な持株保有（Tax on excess business holdings）（IRC 4943条）
私立財団は，原則として1営利企業の株式の保有が20%までに制限される。課税年のどの時点でもこの保有制限を超えると，超過持株価額に10%の規制税が賦課される。IRSとの協議に基づき指定された期間（5～10年）内に是正されない場合には，200%の規制税が賦課される。
❺私立財団の目的を危うくする投資（Tax on investments which jeopardize charitable purpose）（IRC 4944条）
私立財団の役員は，財団の資産運用にあたり私法上の慎重な投資者原則（prudent investor rules）や忠実義務/信認義務を負う。このことから，公益（慈善）目的の達成を危うくするような財団の基本財産や留保所得の投資は認められない。こうした危険な投資があった場合には，財団およびその管理者に対し当該投資額の5%の規制税が賦課される。是正されない場合には，財団に25%，管理者に5%（ただし，1万ドルが上限）の規制税が賦課される。
❻課税対象支出（Tax on taxable expenditures）（IRC 4945条）
財団は，特定候補の選挙活動費など不適格な支出をしてはならない。不適格支出額は，規制税の課税対象となる。不適格な支出があった場合には，財団に当該支出額の20%，故意にその支出に関与した役員等の管理者には5%の規制税が賦課される。是正されない場合には，財団には100%，役員など管理者に50%の規制税が賦課される。

非営利公益団体の内部留保課税のルーツ

4　中間制裁とは何か

　すでにふれたように，免税資格取消しは，非営利公益団体の善意のステークホルダーや職員は多大な影響を及ぼす。そこで，免税資格取消前の段階で，中間制裁（intermediate sanction）として，規制税（excise tax）を課し，非営利公益団体の経営陣に是正のチャンスを与える仕組みである。1996年の納税者権利保障法（T１）のなかで導入された仕組みであり，一般に，納税者の権利保護の措置と理解されている。

【図表11】　納税者権利保障法の制定と中間制裁の所在

- 1988年　１次納税者権利章典法（TBORI 1=Taxpayer Bill of Rights 1），通称で「T1」を制定
- 1996年　「T2」を制定。T2で，新たに公益増進団体（public charities）を対象としてIRC4958条【過大利益取引にかかる税（Taxes on excess benefit transactions）】が新設された。この新税は，公益増進団体との不適切な取引で過大な利益を得た個人や団体に対して「中間制裁（intermediate sanctions）」を課すことをねらいに導入。

（１）　中間制裁導入のねらい

　中間制裁導入は，本来，納税者一般の権利利益の保護につながるとの発想に基づく。

【図表12】　中間制裁導入のねらい

《中間制裁導入前》

公益増進団体の不適切取引がある場合，連邦課税庁（IRS）は，次の選択が可能であった。
①違犯を見逃す，or
②免税資格取消処分をする。

《1996年の中間制裁導入後》

IRSは，①または②に代えて，③中間制裁（intermediate sanctions）として規制税（excise tax）を課す。

（２）　中間制裁制度のあらまし

　中間制裁制度の概要は，次のとおりである。

【図表 13】 中間制裁制度のあらまし

❶中間制裁の対象となる「不適格者 (disqualified persons)」の範囲
「501c3 団体および 501c4 団体の業務に実質的な影響力を行使できる地位にある者ならびにその家族」である。これらの者は，IRC 本法や財務省規則では「不適格者 (disqualified persons)」と呼ばれる。具体的には，次のような個人や事業体（ただし，以下に限定されない。）を指す（IRC 4958 条 f 項 1 号）。 ・その団体の業務に実質的影響力を行使することのできる地位にある者（問題となった取引の終了時から 5 年間に影響を行使できる地位にあった者を含む。）。具体的には，非営利公益団体の理事長，理事，評議員，特別委員会の構成員，監事，経理部長など（通常，私法上の忠実義務/信認義務を負う者が想定される。） ・非営利公益団体理事会の投票権ある構成員 ・非営利公益団体の投票権，収益または受益権の 35％以上を持つ事業体（35％ controlled entity） ・実質的な出捐者 ・不適格者の配偶者 ・不適格者の兄弟，祖先，子ども，孫，ひ孫およびそれぞれの配偶者 ・故意かつ合理的な理由もなく過大利益取引に参加した非営利公益団体の管理者
❷制裁の額
・不適格者：不適格者には，役務または取引にかかる独立当事者間価額を超えた額（過大利益取引額）の 25％の税を課す（IRC 4958 条 a 項 1 号）。ただし，是正を求められた期日までに具体的な措置が講じられない場合には，200％の税を追加して課す（IRC 4958 条 b 項）。 ・団体管理者：故意かつ合理的な理由もなく過大利益取引に参加した団体管理者には，各不適格取引につき過大額の 10％の税を課す（IRC 4958 条 a 項 2 号）。ちなみに，「団体管理者（organization manager）」とは，役員，理事，評議員，特別委員会メンバーその他取引する権限を有する者を指し，その職位は問わない（IRC 4958 条 f 項 2 号）。原則として，弁護士や会計士など委任契約に基づき専門知識を団体に提供する職業専門家は，含まない。
❸役員報酬にかかる証明責任
・過大利益取引であるとして最も問題になるケースの 1 つとして，不相応に高額な過大役員報酬がある。財務省規則では，問われた団体は，次の 3 つの要件を充たすことができる場合には，証明責任を課税庁（IRS）側に転嫁できるとする（財務省規則 §53.4958-6(c)）。 ・報酬額が，利益相反のない個人で構成される第三者機関により事前承認を受けていること。 ・当該第三者機関が，その承認をするに際して，公正な市場相場，または標準報酬額報告など適切なデータを入手し，かつそれに信頼を置いていること。 ・当該第三者機関が，十分な資料に基づいて意思決定を行っていること。

ちなみに，私立財団に適用ある規制税を"狭義の規制税"と呼び，狭義に規制税と公益増進団体に適用ある特別規制税とを1つにして"広義の規制税"と呼ぶこともできる。

II　トランプ税制改革での非営利公益団体関係税制改正の要点解説

トランプ税制改革法（TCJA）では，非営利公益団体の規制強化に，この中間制裁（intermediate sanction）と呼ばれる特別の規制税（special excise tax）ないし規制税（excise tax）を広げる改正が目立った。とりわけ，規制税を，これまでの私立財団に加え，公益増進団体にも広げているのが特徴である。[7]

1　主な非営利公益団体関係税制改正点のポイント

トランプ税制改革法（TCJA）における主な非営利公益団体関係税制の改正点をあげると，次のとおりである。
(1)　大学競技観覧座席権にかかる公益（慈善）寄附金控除の適用廃止（省略）
(2)　現金寄附に対する時限的な公益（慈善）寄附金控除額の引上げ

個人の現金寄附に対する公益（慈善）寄附金控除額を，期間を限定して，以下のように引き上げた。時限適用とした理由は，個人所得税率の引上げ（減税）が，同じく時限適用であることによる。

【図表14】　公益（慈善）寄附金控除増額の対象となる団体

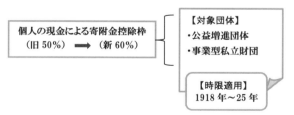

(3)　非関連事業（収益事業）所得課税にかかる改正

連邦法人税率のフラット化に歩調を合わせる形で，非営利公益団体の非関連事業所得課税（UBIT＝unrelated business taxable income），すなわち収益事業所

得課税率を21%とした（TCJA 13001条a項による改正IRC511条a項1号，同項2号のA）。これに伴い，私大を含む非営利公益団体に対する非関連事業（収益事業）所得に対する税率もフラット化，実質的に引き下げられた。

【図表15】 トランプ税制改革：連邦法人税率のフラット化

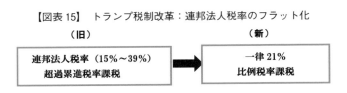

ちなみに，2017課税年までの連邦法人所得税の累進税率は，次のとおりである。

【図表16】連邦法人所得税の累進税率（2017課税年まで）

課税所得（ドル$）		税率等			
超	以下				
0	50,000	0	+ 15% ×	課税所得
50,000	75,000	7,500	+ 25% ×	50,000超の額
75,000	100,000	13,750	+ 34% ×	75,000超の額
100,000	335,000	22,250	+ 39% ×	100,000超の額
335,000	10,000,000	113,900	+ 34% ×	335,000超の額
10,000,000	15,000,000	3,400,000	+ 35% ×	10,000,000超の額
15,000,000	18,333,333	5,150,000	+ 38% ×	15,000,000超の額
18,333,333	---		+ 35% ×	課税所得

《例》課税所得が150,000ドルの場合，税額は22,500+39%×(150,000−100,000)
＝41,750
《備考》連邦の法人税は15%～39%の超過累進税率構造になっている。
ただし，現実には，基本税率は15%～35%。追加税率を含め39%になる。

この結果，法人税収は，前年度比で22%まで減収。連邦議会予算局（CBO）は，2020年度までには1兆ドルの大台を突破し，リーマンショックレベルの赤字再現もあり得ると予測している。

（4） 非関連事業（収益事業）にかかる損益通算の廃止

これまで，非営利公益団体が複数の収益事業を営む場合で，1つの収益事業

で出た損失（赤字）は，他の収益事業が黒字であるときには，損益通算（offset）が認められていた。しかし，トランプ税制改革法（TCJA）は，原則として，この種の損益通算を認めないことにした。（TCJA 13702 条 b 項 1 号）。

【図表 17】　複数の収益事業を営む場合の損益通算の廃止

（5）　過大役員報酬支払がある場合の支払者への法人税率での規制課税

トランプ税制改革法（TCJA）は，課税対象外（免税）となる非営利公益団体の各役員や各従業者に対して支払われた年間報酬額が 100 万ドル（＄1＝100 円で，1 億円）を超えている場合，超過支払額に対して 21％の法人税率で団体に規制税を課すことにした（TCJA 13602 条による改正 IRC 4960 条）。

【図表 18】　過大役員報酬の支払がある場合の支払者への法人税率での規制課税

2　私大の過大な基本財産から生じる投資所得への課税

トランプ税制改革法（TCJA）は，有名私立大学が，過大な基本財産（endowment），内部留保（reserves）を抱えていることを問題とし，過大と法認された基本財産を投資して得た果実（利子・配当・ロイヤルティなど）に対して 1.4％の規制税（excise tax）を課すことにした（TCJA 13701 条 a 項による改正 IRC4968 条 a 項）。

Ⅲ 私立大学内部留保課税の所在

　連邦の内部留保金課税は、大きく、国内留保金課税と国外留保金課税とに分類することができる。

1　連邦の内部留保金課税の構造

　トランプ税制で創設された私立大学内部留保課税の所在を確認するために、連邦の内部留保金課税を類型別に図にすると、次のとおりである[8]。

【図表19】　連邦の主な留保金課税の類型

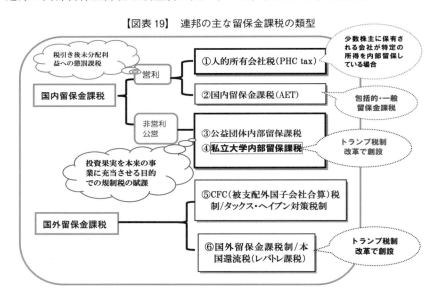

　ちなみに、アメリカ連邦の留保金課税を比較制度論的に理解するために、参考までに、わが国の広義の留保金課税制度をかかげると、次のとおりである。

【図表20】 比較参考資料：わが国の広義の留保金課税制度の基本構造

(1) **国内留保金課税制度**
①**特定同族会社留保金課税制度**
②**国外転出時課税制度（個人が国外転出をする場合の譲渡所得等の特例）** （所得税法 60 条の 2）
(2) **国外留保金課税制度**（法人税法 67 条 1 項）
①**外国子会社合算税制・CFC（被支配外国会社合算）税制/タックス・ヘイブン対策税制** 外国子会社合算税制（CFC 税制）は，2 つのパートからなる。1 つは，「**内国法人の外国関係会社に係る所得の課税の特例**」（措置法 66 の 6～66 の 9）。もう 1 つは，「**特殊関係株主等である内国法人に係る外国関係法人に係る所得の課税の特例**」（措置法 66 の 9 の 2～66 の 9 の 5）。一般に，前者が分析の対象とされている。
②**制度移行の伴う国外留保金非課税取扱いのカラクリ** わが国における 2009（平成 21）年度の税制改正時の配当所得に対する間接外国税額控除制度から外国子会社からの受取配当金の益金不算入制度の移行時の海外留保金課税【**本国還流課税：外国子会社留保所得に対する一括強制みなし配当税制（国外留保金課税制）**】の未実施

Ⅳ 私立大学内部留保課税

1 私大の過大な基本財産から生じる投資所得への課税の導入

　トランプ税制改革法（TCJA）は，有名私立大学が，過大な基本財産（endowments），内部留保（reserves）を抱えていることを問題とし，過大と法認された基本財産を投資して得た果実（利子・配当・ロイヤルティなど）に対して 1.4% の規制税（excise tax）を課すことにした（TCJA 13701 条 a 項による改正 IRC4968 条 a 項）。これまで，私大に限らず，課税除外（免税）資格を有する 501c3 団体などは，基本財産からあがる果実は連邦所得課税（法人所得課税や源泉所得課税）を課されてこなかった（前記【図表 6】参照）。今回の税制改正では，所得課税は引き続き非課税（免税）取扱いとするものの，私大にターゲットを絞って別建ての規制税の対象とすることにした。すなわち，基本財産を一種の内部留保（accumulation, reserve funds）とみて，法定額を超える過大な内部留保から生じた果実に対する規制税をかけることにした。

【図表21】 トランプ税制改革後の私立大学法人にかかる連邦法人所得課税の仕組み

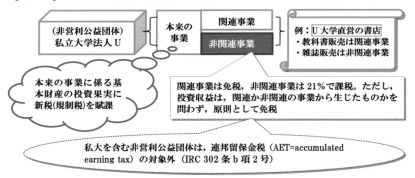

(1) 大学の基本財産とは何か

アメリカの場合，一般に，私大を含む501c3団体の「基本財産（endowments）」とは，大きく次の3つに分けられる。

【図表22】 基本財産の主な種類と特徴

①永久基本財産（permanent endowment/true endowment）とくに期間の定めがなく，出捐された元本＋その果実，またはその果実のみを本来の事業に費消・支出するタイプの基本財産
②期限付基本財産（term endowment）一定期間内に，元本＋その果実，またはその果実のみを本来の事業に費消・支出するタイプの基本財産。一般に，期間経過後は，その財産の処分は自由である。
③準基本財産（quasi-endowment）本来の事業に供することを目的に，遺贈，贈与を受けた財産で，その費消・支出の使途が限定されてない基本財産

アメリカの各私大の財務状況については，各私大がウェブサイトに公表する「年次財務報告書（Annual Financial Report 2018：XXX University/College）」，または「財務部報告書（Report of the Treasurer, Office of Finance & Treasury, XXX University/College）などをみればわかる。

こうした各私大の財務データをもとに連邦教育省（U.S. Dept. of Education），全米大学事業担当者協会（NACUBO＝National Association of College and University Business Officers），連邦議会図書館の連邦議会調査局（Congressional Research Service, Library of Congress），連邦課税庁（IRS）などが全米主要大学

の財務データを集約し，公表している。NACUBOのデータによると，2017年時点で，全米私大の基本財産の内訳は，次のとおりである。

【図表23】全米私大に基本財産の内訳（2017年）

(2) 連邦議会による私大基本財産に対する課税方式の選択肢

連邦議会は，私大の内部留保ともいえる基本財産に対する課税にあたり，次のような案（課税方式）を精査していた。

【図表24】 私大の基本財産に対する課税方式の選択

トランプ案では③採用	①基本財産自体に対して課税する案(excise tax on endowments) ②現行の私立財団(private foundation)の本来の事業への最低強制支出(tax on failure to distribute income) (IRC 4942条)にならって「私大の基本財産の本来の教育・研究事業への 5%最低強制支出を義務づけ適格支出がなされない場合，当該私大には未支出額に 15%の規制税を課す案(15% excise tax on failure to mandatory spending rates of 5% of endowments) ③学生数を基にした基準額(免税点)を超える場合に保有する基本財産から生じる投資所得/果実に対して比例税率で課税する案 ④私大の一定の基本財産に対して支出された寄附金に対して公益(慈善)寄附金控除を制限する案(a limitation on the charitable deduction for certain donations to endowments)。

(3) 私大の基本財産にかかる投資所得課税の仕組み

最終的には，③学生数を基にした基準額（免税点）を超える場合に保有する基本財産から生じる投資所得に 1.4%で課税する案で決着した（IRC4968条a項）。これまで，私大に限らず，課税除外（免税）資格を有する連邦税法 501条c項3号にいう非営利公益団体（以下「501c3団体」という。）などは，基本財産からあがる果実には連邦所得課税（法人所得課税や源泉所得課税）を課されてこなかった。

また，すでにふれたように，営利法人の場合，事業のための合理的必要性（necessary business needs）を超える内部留保に対しては，連邦所得課税として内部留保税（AET = accumulated earnings tax）が課される（IRC 531条以下）。し

かし，この内部留保税（AET）は私大など501c3団体に対しては適用除外となっている（IRC 302条 b 項 2 号）。

　連邦税法（IRC）9468条は「私立大学の投資所得を標準とする規制税（Excise tax based on investment income of private college and universities）」の表題で，私大が抱える基本財産（endowment）を投資して得た所得（利子・配当・ロイヤルティなど）には，法定の免税点を超えていることを条件に，1.4%の規制税（excise tax）を課す旨規定する（IRC4968条）。そのあらましは，次のとおりである。[14]

【図表25】　私大の過大な基本財産にかかる投資所得への規制税のあらまし

①この規制税の課税対象となる大学（機関）（IRC 4968条b項）
・私立の単科大学（private college）および総合大学（private university）で，
・前課税年終了時に授業料を支払っている 500 人以上のフルタイムの学生がおり，かつその半数が合衆国内に所在していること。および，
・前課税年終了時に，免税点（学生 1 人あたり 50 万ドル×フルタイムの学生数）【例えば，フルタイムの学生が 1,000 人在学している場合には，5 億ドル】を超える基本財産（ただし，大学本来の教育事業に供する財産や非関連事業（収益事業）所得課税の対象となる資産を除く。）を有していること。
②課税ベースとなる「純投資所得（net investment income）」とは（IRC 4968 条 c 項，4940条 c 項）
(a) 純投資所得額（net investment income）＝大学（機関）の総投資所得（gross investment income）＋純譲渡所得（capital gain net income）－ (b) 控除額（allowable deductions）
・「総投資所得」とは，利子，配当，賃料，担保付きローンの受取利子，ロイヤルティその他同等の源泉からの所得。ただし，大学（機関）の非関連事業（収益事業）所得課税の対象となる所得は含まない。
・「控除額」とは，あらゆる通常の必要経費を指す。
・ただし，減価償却費等については経費算入については一定の制限を受ける。
(b) 納税額＝純投資所得額×1.4%（IRC 4968 条 a 項）
③キャピタルゲイン（譲渡益）とキャピタルロス（譲渡損）（IRC 4968 条 c 項，4940条 c 項）
(a) 資産の譲渡益と譲渡損についての課税ベースは，次のとおりである。
・資産を，2017 年 12 月 31 日現在，保有していること。および，
・当該資産を売却その他処分するまで保有していること。
(b) 課税対象資産の処分の際に譲渡益を決定する基準日は，次のとおり。
・2017 年 12 月 31 日現在での公正な市場価額＋（－）当該日後のあらゆる調整額

2　私大の基本財産運用管理の仕組みと投資対象の多様化

ステークホルダー向けの運用実績，投資顧問企業などへの報酬額については，大学の年次報告書を通じて情報開示（財務報告）を行うのが一般的である。

アメリカ大学基本財産投資顧問企業の報酬額は多額である。トップ10（2016年度）については，【資料2】参照。

ちなみに，州立大学の場合は，多くは，州立大学本体と支援財団の双方で基金/基本財産の運用・管理を行っているケースが多い。[15)]

【図式26】　アメリカ私大での基本財産の運用の方法

1970年代前は，多くの私大の財務運営/投資方針（investment policy）は，"安全ファースト"を前面に押し出した基本財産の投資を行っていた。しかし，今日，投資方針は大きく変わっている。多くの私大は，大学財務体質の強化を旗印に，いわゆる"ハイリスク・ハイリターン"の投資方針に舵を切っている。

この結果，全米大学事業担当者協会（NACUBO）加盟校の2017財政年データによると，各投資対象からあがる収益率には大きな違いがあるものの，基本財産からあがった果実の平均収益率12.2％程度を維持している。

3　州レベルでの私大内部留保に課税する動き

有名私大を抱える州は，州財政や州内の地方団体の財政状況が厳しくなるに従い，納税しない住民，タダ乗り者で金権体質を強める私大を必ずしも歓迎しているわけではない。州レベルでも，私大の基本財産，内部留保に課税しようという動きがある。有名私大を州内に抱えるマサチューセッツ州である。

マサチューセッツ州では，2017年1月16日に，州議会（The General Court of

【図表27】 私大の基本財産の投資対象の多様化

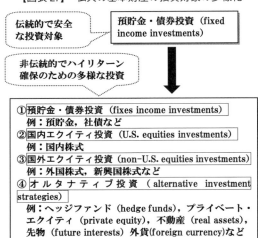

【図表28】 NACUBO加盟校の平均収益率と投資対象ごとの収益率（2017年）

2017年平均投資収益率		12.2%
投資対象別収益率	①預貯金・債券投資	2.4%
	②国内エクイティ投資	17.6%
	③国外エクイティ投資	20.2%
	④オルタナティブ投資	7.8%

the Commonwealth of Massachusetts）上院（Senate）に，過大な基本財産を抱える私立大学をターゲットとした「私立の高等教育機関における一定の基本財産に関する法律（An Act relative to certain endowment funds in private institutions of higher learning）案（S.B. No.1533/上院法案1533号），いわゆる「私大基本財産（内部留保）課税法」案が提出された（https://malegislature.gov/Bills/190/S1533）。

【図表29】 マサチューセッツ州での私立大学内部留保課税法案

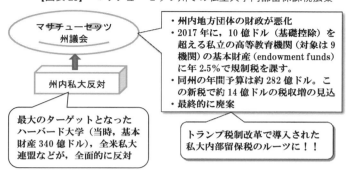

V 私大基本財産をめぐる課税政策の展開と課題

　連邦議会は，2018年1月1日から，私大基本財産の投資所得課税に踏み切り，これまでの私大基本財産への課税除外（免税）取扱政策を大きく転換させた。この新税を理解するには，有名私大の基本財産，内部留保がどれくらい急激な伸びを示しているか一目でわかるデータが要る。リーマンショック（金融危機）後2011〜17財政年までの期間で基本財産の伸びの著しいトップ3校（ハーバード大学，プリンストン大学，エール大学）をあげると，次のとおりである。

【図表30】 私大トップ3校の基本財産の伸び率
（2011〜17財政年）

・ハーバード大学	793％
・プリンストン大学	941％
・エール大学	1,057％

　これら3校の基本財産の伸び率は，連邦議会の租税政策転換の理由を直感的に理解するのには役にたつ。しかし，私立大学をはじめとした高等教育機関の基本財産（endowments），内部留保総額（total reserve funds, total accumulation）に対する課税取扱いについては，近視眼的にならず，慎重に精査する必要がある。

確かに，NACUBO加盟私大のデータによると，リーマンショック（金融危機）後，単年度ベースでみた場合，とりわけ近年，基本財産の留保額は記録的な伸びを示している。また，投資果実（investment return）も，2017 財政年（2016 年 7 月 1 日～ 2017 年 6 月 30 日）は 12.2％で，2016 財政年は 1.9％，2015 年は 2.4％と比べるとかなりの伸びを記録している。[16]

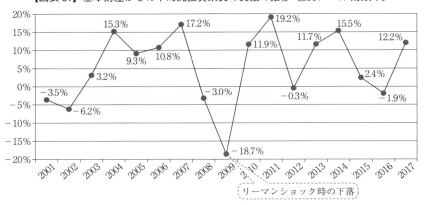

【図表 31】基本財産からの平均純投資果実の実績の推移〔2001 ～ 17 財政年〕

1　大学の自治と課税権力

アメリカの大学には，伝統的に高度の自治が保障されている。とりわけ，私大財務という点からすると，「大学の学内自治（universities' institutional autonomy）」とは，大学の内部の組織管理・運営等については，大学の自主的な決定に任されており，大学内の問題に外部勢力が干渉することを排除するものである。政府／連邦課税庁（IRS）が，課税権力を用いて私大の基本財産の運用（財務運営）や費消について執拗に干渉することは許されないとする見解がある。

一方，近年の連邦議会共和党，トランプ税制改革で実現したように，大学に対して基本財産の運用や費消について「学生ファースト」になっていない場合には，課税を通じて連邦の政策の実現の途を探るのも許されるとする見解もある。

トランプ税制改革：私立大学内部留保課税の導入

【図表32】 課税の実際：アメリカの「大学の内部自治」と連邦課税権力の介入

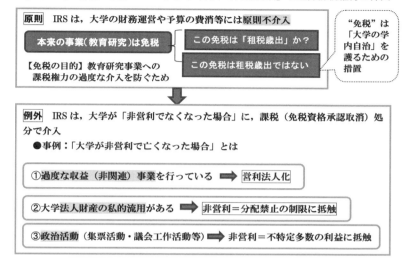

【図表33】 トランプ私大内部留保課税（中間制裁/規制税）導入のねらい

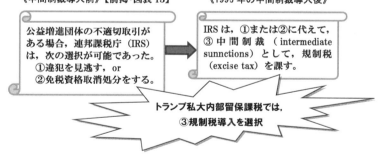

2　大学の基本財産に対する連邦所得課税除外措置と減収試算

　基本財産は，その果実（投資所得）を含め連邦所得課税を除外（免除）されてきた。[17)]

（1）大学の基本財産に対する法人税免税に伴う税収減試算

　仮に，大学の基本財産に課税した場合には，どれくらいの税収増につながる

【図表34】 大学基本財産への連邦所得課税除外の範囲

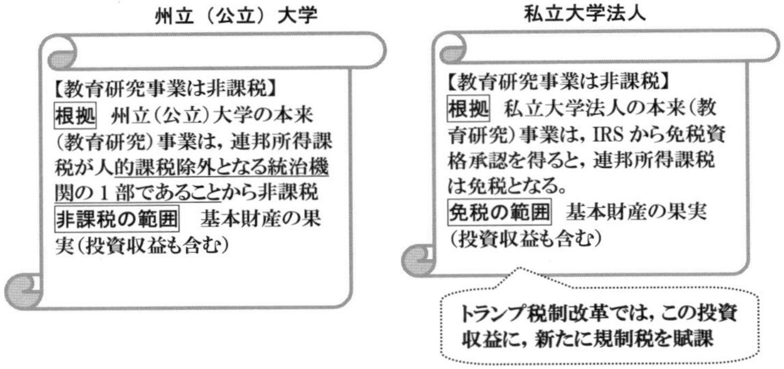

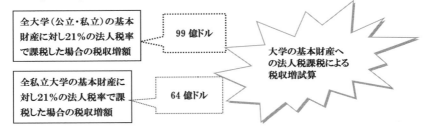

のであろうか。連邦議会調査局（CRS）によると，次のとおりである。[18)]

【図表35】 大学の基本財産への連邦法人税課税のよる税収増試算（2017年）

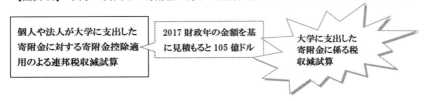

（2） 大学に支出した寄附金に対する所得控除による税収減試算

加えて，個人や法人が大学に寄附金を支出した場合，公益（慈善）寄附金控除が認められる。この措置による税収減は，連邦議会調査局（CRS）によると，次のとおりである。

【図表36】 大学に支出した寄附金に対する所得控除による連邦税収減試算（2017年）

トランプ税制改革：私立大学内部留保課税の導入

3 連邦議会の私大基本財産投資所得課税の立法事由と経緯

連邦議会は，"学生ファースト"のスタンスから，私大があみ出したキャッシュが法人にストックされるのではなく現役学生にフローするように，解決策を模索してきた。

【図表37】 連邦議会の立法意思：私大があみ出した資金（キャッシュ）のフロー化

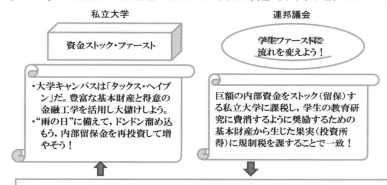

（1） 連邦議会での私大基本財産投資所得課税の流れを変える動き

有名私大の多くは，免税特典（無税スキーム）と得意の金融工学を活用し基本財産を積み増し，内部留保を溜め込み，キャンパスのタックス・ヘイブン化が目に余るようになっていた。

① 2006年12月の連邦議会上院財政委員会公聴会

・2006年12月5日，連邦議会上院財政委員会（Senate Finance Committee）の高等教育機関の免税に関する公聴会（Hearings on tax exemption in higher education）において，チャールズ・グラスリー上院議員は，次のようなオープニングのコメントをした。

27

・「私ども議会は，大学を免税団体として取り扱うことにより，彼らに多大な税制優遇を与えてきました」。にもかかわらず，「大学，とりわけエリート校は，学費（授業料その他の納入金）の大幅引上げ，基本財産の積み増し，高額な学長の報酬といった３つの悪事を働いています」。「巨額の基本財産を溜め込む大学には，勤労者世帯に向けて学費を抑制するためにその財産を還元しかつ使うように義務づけるべきであります」[19]。

② 2007年8月の連邦議会調査局（CRS）メモの公表

・翌2007年8月に，連邦議会調査局（CRS＝Congress Research Service）は，チャールズ・グラスリー上院議員およびマックス・ボーカス（Max Baucus）財政委員会委員長の求めに応じてメモランダム（以下「CRSメモ」という。）を作成した[20]。

・そのなかで，CRSは，2006年7月末で，765大学が保有する基本財産は，総額で3,400億ドルにも上り，これらの基本財産から平均で15.3%，総額で52億ドルの収益をあげている。しかし，大学は，15.3%の収益のうち，本来の教育・研究事業に対する支出・還元は約4.6%に留まる。残りは，基本財産の積み増し，内部留保に回されている状態であることを明らかにした。

・そのうえで，CRSメモでは，基本財産からあがった投資所得（果実）の一定割合を大学本来（教育）の事業への最低強制支出を義務づける提案を行った。

・この提案は，次のような私立財団に対する現行の本来の事業への最低強制支出，未達成の場合の制裁課税（IRC 4942条）をモデルとしたものである（前記【図表10】❸参照）。

> ❸私立財団の本来の事業への最低強制支出（Tax on failure to distribute income）（IRC 4942条）
>
> 　私立財団は，前課税年末の投資果実（investment return）の5%以上を助成事業や公益目的事業に支出するように求められる。適格支出がなされない場合，財団には，未支出額に15%の規制税が課される。是正されない場合には，規制税率は順次，30%，100%と高くなる。

③ 2007年9月の連邦議会上院財政委員会公聴会

・2007年9月26日，連邦議会上院財政委員会は，「オフショア・ヘッジファンドに関する課税問題」を検討するための公聴会を開催した[21]。

・この当時，オフショア・ヘッジファンドへの大口投資者として有名私大が名を連ねていた。例をあげると，私立のエール大学（Yale University）は，2005課税年の連邦法人税申告書：様式990〔所得税免税団体用申告書（Form 990:Return of Organization Exempt From Income Tax）〕によると，ヘッジファンド投資から1億4,900万ドルの所得をあげていた。

・連邦議会では，オフショア・ヘッジファンド投資の脱税，租税回避額が概算で1兆ドルを超えているとの指摘もあり，その規制が重要な政治課題となっていた。このため，この公聴会では，私大の基本財産のオフショア・ヘッジファンド投資の実態把握を中心に7人の証人（witnesses）が呼ばれた。

・証人の1人であるジェーン・グラベール（Jane G. Gravelle）連邦議会調査局（CRS）職員は，とりわけ私立大学のオフショア・ヘッジファンド投資問題に傾斜する形で証言を行った。

・グラベール証人によると，私立大学には，従来は基本財産（endowments）を貯蓄性の高い

金融商品に集中投資し運用管理の安全性を確保したうえで投資の高度化を図る傾向がみられた。いわゆる"ハイリスク，ハイリターン"の金融商品に手を出す動きはなかった。ところが，現在は，米国株式，外国株式などに加え，先物取引，不動産やヘッジファンド，プライベート・エクイティといった，いわゆる「オルタナティブ投資（alternative investment strategies）」が，運用資産全体において高い比率を占める傾向にあることを指摘した。[22]

- 証言時至近の 2006 年データによると，765 大学が保有する基本財産は，総額で 3,400 億ドルにも上り，基本財産の投資対象におけるヘッジファンド，プライベート・エクイティの比率が急激に（2002 年時点では 14% であったものが，2006 年時点では 22% まで）上昇している点を指摘した。
- 私立のデューク大学（Duke University）にいたっては，ヘッジファンドの 75% がオフショア投資という実態が浮かび上がっている旨指摘した。[23]
- こうした私大のオフショアのオルタナティブ投資が急増する背景には，非関連事業所得課税（UBIT），すなわち収益事業課税を回避しようとする意図があるものと推測されるとした。したがって，グラベール証人は，私立大学によるオフショア投資を規制する必要性がある旨指摘した。
- また，グラベール証人は，現行の私大への税制優遇が引き続き認められるとしても，私立大学が，基本財産からあげた投資収益を，ステークホルダーである学生の教育の機会をより得やすくするために公物（public goods）や公サービス（public service）に費消されるように法的仕組みを改善すべきである旨指摘した。
- グラベール証人は，政策の選択としては，私立財団の投資果実に対する課税例にならって，①前課税年末の投資果実（investment return）の 5% 以上の教育事業への強制支出，還元を義務づける案，②学生 1 人あたりの基準控除額を超える基本財産を保有する私立大学の投資果実に対して規制税を課す案，③一定の基準値を超える授業料の引上げを行う私立大学の基本財産に対して課税する案などを示唆した。

④　連邦上院議員による 136 大学への基本財産の学生への還元状況の調査

- 2008 年 1 月に，全米大学業務担当者協会（NACUBO）が，全米 76 の教育機関が 10 億ドルを超える基本財産を擁し，留保額は前年度比では 21% も増加したが，教育目的への還元率は平均で 4.4% である旨公表した（後記【図表 40】参照）。
- この NACUBO 統計が公表された翌日の同年 1 月 28 日に，連邦議会上院のチャック・グラスリー（Chuck Grassley）議員およびマックス・ボーカス（Max Baucus）財政委員会委員長は，5 億ドル以上の基本財産（内部留保）を有する全米 136 の大学に，その費消・還元，および学生への給付状況を把握するために質問状を送った。[24]
- 質問状の送付にあたり，連邦議会の上院マックス・ボーカス財政委員会委員長は，次のようにコメントした。

> 私は，最近，いくつかの大学が，低・中所得世帯の学生が高等教育を受けられるように行った努力に勇気づけられました。私どもは，大学の学費が物価上昇率以上に高い率で引き上げられており，アメリカの若者やその家族のために，アメリカの大学のこの問題を取り上げ，対処するために共に行動することにしました。
> 私どもは今回主要大学に質問状を送ります。この質問状に盛った項目は，モンタナ州をはじめとした国中の有能な若者が教室からのけものにされないようにするために，大学の基本財産がどのように使われているのかを議会がよく理解できるようにするためのものです。

- 多くの過大なほどの基本財産を保有する富裕な大学は，連邦議会からその"金権体質"を厳しく批判された。
- これを受けて，高額の授業料，納入金に対応するために学費の全部または一部免除をはじめとしたさまざまな学生支援プログラムの充実に動いた。
- アイビーリーグの諸大学やスワースモアカレッジ（Swarthmore College）ポモナカレッジ（Pomona College），プリンストン大学などは，「学費ローンなし（no-loan）」方針を打ち出すなど"学生が主役"の路線に舵を切る動きをみせた。

⑤　2008年の基本財産の教育目的支出報告の義務化

- 2008年に，連邦議会は，1965年高等教育法（HAA＝Higher Education Act on 1965）を改正するための高等教育機会法（Higher Education Opportunity Act of 2008）を超党派で通過させた。改正草案段階で，ピーター・ウェルチ（Peter Welch）下院議員（バーモント州選出・民主党）のイニシャティブにより，私大に対して毎年基本財産の5％以上を教育目的に支出することを義務づける提案が含まれていた。
- しかし，私大界からの強い反対にあい，ウェルチ議員は基本財産の強制支出案を撤回した。代わりに，ウェルチ議員は，私大に対して学費を引き下げるために基本財産をどの程度支出・費消したかを報告するように求める修正案を提出した。連邦議会下院は，修正案を可決した。[25]

⑥　2009年のリーマンショックで，一時，私大の過大基本財産問題は棚上げに

- 2009年9月の大手投資銀行・証券会社リーマンブラザーズ（Lehman Brothers）の経営破綻に伴うリーマンショック（金融危機）は，私大の基本財産からあがる投資果実にも大きな打撃を与えた。
- 2009財政年度末で，ハーバード大学の基本財産は257億ドル（前年度比36.6％減），エール大学の基本財産は163億ドル（前年度比28.6％減），プリンストン大学134.6億ドル（前年度比22.7％減）と続いた。800校を調査した結果，基本財産から生じた投資果実は平均で18.7％減，1929年の株価暴落に伴う大恐慌（Great Depression）以来のショックであった。[26][27]
- リーマンショックは，私大に基本財産の積み増し問題や教育・教育目的への強制支出の是非などの動きを一時ストップさせた。
- 2009年のリーマンショック後，証券市場は徐々に正常化していった。2015年までには，多くの私大の基本財産は，以前の規模にまで回復した。

（2）　2014年に私大の過大基本財産問題が再燃，最終段階に

2009年秋のリーマンショック（金融危機）で，連邦議会における私大の過大基本財産保有問題は一時下火になった。しかし，証券市場が堅調さを回復してくると，連邦議会でこの問題は再燃した。2014年に，連邦議会下院のデービッド・キャンプ（David Camp）議員（ミシガン州選出・共和党）～当時，下院歳入委員会（House Ways and Means Committee）委員長～は，抜本的な税制改正案

30

の検討を開始した。この抜本的税制改正素案つくりが，2016 年のトランプ政権の誕生，2017 年末のトランプ税制改革法（TCJA）の成立の流れにつながる。問題再燃後（2014 ～ 2016 年）の私大の過大基本財産への課税案の動きは，おおまかにまとめてみると，次のとおりである。

【図表38】 問題再燃後の私大の過大基本財産の課税案の推移

・2014 年の提案 学生1人にあたり 10 万ドルで計算した免税点額を超えた場合，大学の基本財産価額から生じた純投資所得を課税標準に1%の規制税を課税する案
・2015 年の提案 10 億ドルを超える基本財産を擁する大学で，投資所得の 25%を学費援助に支出することを条件に，当該基本財産を課税除外（免税）とする案。加えて，ハーバード大学やエール大学のような裕福で，投資顧問会社に年数十億ドルもの手数料を支払っている大学については，未支出の余剰額を他大学に振り当てる案【2015 年に，トム・リード（Tom Reed）下院議員（ニューヨーク州選出・共和党）が提案】
・2016 年の質問状送付 連邦議会上院財政委員会と下院財政委員会が共同で，10 億ドルを超える基本財産を擁する私大 56 校に対して，13 項目からなる質問状を送付【2016 年 2 月に，オリン・ハッチ（Orrin Hatch）上院議員（ユタ州選出・共和党），ケビン・ブラディ（Kevin Brady）下院議員（テキサス州選出・共和党），ピーター・ロスカム（Peter Roskam）下院議員（イリノイ州選出・共和党）が提唱】主要質問項目は，過去 3 年間の投資所得の使途，投資果実のうち，学生援助に回された金額，投資顧問会社などに支払った手数料の額など。ハッチ上院議員は，追加質問として，大学が自らの租税優遇措置を使って基本財産を溜め込むことが公益目的の実現にどのように結びつくのか説明を求めた。

4 私大基本財産投資所得課税の評価

　トランプ税制改革における私大基本財産投資所得課税政策は，さまざまな観点から評価が可能である。以下に，分析してみる。

（1） 増加する私大基本財産投資果実は学生支援にいかされているのか

　アメリカの大学生の学費ローン地獄の状況は，以下のとおり極めて深刻である。[29]

・政府による学費ローンの金利は，プランによって異なるが 4 ～ 6 %程度である。連邦議会共和党や金融業界団体は，現在連邦政府が中心となっている学費ローンプログラムが民間金融機関に開放され，競争が生まれれば金利は連邦政府の学費ローンよりも低くなるとみる。しかし，大学界はこうした主張には組していない。
・アメリカでは大学や大学院の学費（授業料などの納入金）を工面するために，約 7 割の学生が自

分で学費ローンを組む。平均5万ドル程度のローンを背負って卒業し，その後返済に追われる人が多い。5,000ドルの学費ローンを抱える人の比率は，2000年からここ8年で3倍に増加した。
・2017年末の米国全体の学費ローンの債務残高は，10年前と比べて2倍以上の1.4兆ドルまで膨らんだ。消費者ローンでは，住宅に次ぐ残高である。1.4兆ドルの学費ローン債務残高のうち，7,900億ドル程度が連邦政府ローンである。
・すでにふれたように，背景にあるのは学費の高騰である。多くの私大は，教授陣や学校施設の充実を競う一方，金融危機後に政府からの補助金が細り，物価上昇をはるかに上回る値上げにつながった。4年制私立大学の学費は2017年度に年3万5,000ドル。10年前は2万8,000ドル程度だった。返納額については，連邦税法（IRC）上の学生ローン控除を受けることはできるが負担は大きい。[30]
・今日のアメリカでは，特別のタレントがある若者は別として，大卒資格はあらゆる機会を得るための入口になる。
・しかし，学費の高騰，学費ローン地獄（crippling debt）は，低所得世帯出身者が大学進学を考える際の懸念，大きな障害となる。事実，多くの大学において，卒業後5年以内に学費ローンが返済不能になる卒業生が5割を超える深刻な状況にある。

（2）　私大基本財産投資所得課税の税法理論上の評価

　私大基本財産投資所得を課税除外（免税）とすることについて，税法理論的にどのようにとらえるべきかが問われている。

　アメリカ税財政法では，政策目的で取られているさまざまな課税除外措置や税制優遇措置を「租税歳出（tax expenditures）」または「税制上の助成（tax subsidy）」と呼び，直接歳出（direct spending）」と同一にとらえる（後記【図表39】参照）。ハーバード大学の租税法学者であったスタンレー・サリー（Stanley S. Surry）[31]やダニエル・ハルペリン（Daniel Halperin）は，租税政策と租税優遇（租税特別措置），基本財産の租税法上の所在について精査している。

　公益（慈善）寄附金に対する控除は通常の所得課税（normal income tax）上の措置であり，租税優遇または租税歳出にはあたらないとみる。一方，非営利公益団体（charities）の投資所得に対する所得課税除外措置は，通常の所得課税（normal income tax）上の措置を超えており，租税歳出とみる。[32]

　短期的にみる限りでは，私大の過大な内部留保（excessive accumulation）を解消するためには，基本財産またはそこから生じる投資所得に対する課税除外措置（租税歳出）に制限を加える必要がある。少なくとも，現在の連邦議会の多数の意思はそういう方向にある。私大基本財産投資所得の内部留保や費消のあり方については，私大の機関運営の自治とも関係してくる。このため，私大

【図表39】 教育事業への免税措置は租税歳出（タックス・エクスペンディチャー）か？

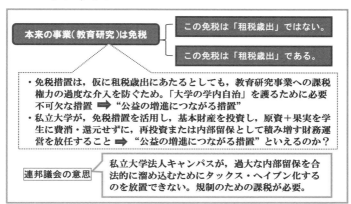

経営への税法理論の介入を疑問視する声もある。

トランプ税制改革法（TCJA）で，私大基本財産の投資所得課税に踏み切り，これまでの私大基本財産への課税除外（免税）取扱政策を大きく転換させた。あえてこのことの立法事由，租税政策上の根拠を探すとすれば，基本財産から生じた投資果実を課税除外とすることにより連邦が私大に提供する租税歳出は無制限ではないことを私立大学界に周知することにあったのではないか。1.4％の規制税を課し，私大の基本財産，内部留保が，ステークホルダーである学生の学費援助，教育支援など真の公益の増進に費消されるように導こうとしたのではないか。

（3） 強制支出要件課税方式が採用されなかった理由

トランプ税制改革では，連邦議会は，私大の内部留保ともいえる基本財産に対する課税にあたり，「私大の基本財産の本来の教育・研究事業に対して5％最低強制支出を義務づけ適格支出がなされない場合，当該私大には未支出額に15％の規制税を課す案（15% excise tax on failure to mandatory spending rates of 5% of endowments）」を選択肢の1つとしてあげた（前記【図表24】②）。しかし，この強制支出課税方式は，採用されなかった。

この背景には，連邦議会調査局（CSR＝Congressional Research Service）の資

料によると，大学が，基本財産からあげた投資所得は，ここ 20 年間の全米平均で，大学本来の教育・研究事業（学生の学費援助，教員の研究，施設維持その他キャンパスの維持など）に 4 〜 5 ％の範囲内で支出（費消・還元）されてきていることがある（【図表 40】参照）。[33]

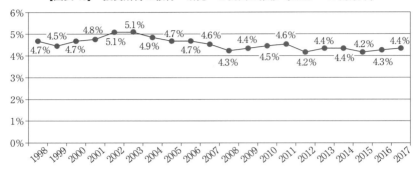

【図表 40】　投資所得の教育・研究への支出の推移〔1998 〜 17 財政年〕

したがって，5 ％強制支出案は大きな変化（change）にはつながらないとする声が強かった。逆に，5 ％強制支出（費消・還元）要件は，5 ％以上支出する必要がないという「上限」，「天井」として機能するおそれが強いことが指摘された。[34]

連邦議会共和党内部からも，私大界を忖度した中途半端な 5 ％強制支出要件つきの生ぬるい私大内部留保課税案では意味がないとの批判が出た。連邦下院のトム・リード（Tom Reed）議員（ニューヨーク州選出，共和党）は，強制支出要件を導入するというのであれば，巨額の基本財産を擁する私大には，その投資所得の 25 ％を低・中所得世帯出身学生の学費援助に使途を特定する形で支出（強制学費援助支出要件の達成）を義務づけるとともに，受忍義務を果たせなかった私大には 30 ％で課税し，かつ常習未達成校には 100 ％課税で対応する法案（Reducing Excessive Debt and Unfair Cost of Education（REDUCE）Act）を準備した。[35]

ほかにも批判があった。有名私大は，ハイプライスリーダーシップを握っており，学費が高くとも学生は集まる。いわば，ブランド品は高値でも売れるの

に似ている。事実，学費の高いのにもかかわらず多くの富裕な有名私大には，学費が低廉な州立大学などよりも志願者が多く集まっている。また，富裕な有名私大では，すでに低所得者向けの学生には十分な学費援助を行っており，こうした実情を織り込まないで，単純に5％強制支出要件を導入することは，逆に有名私大では富裕層出身の学生の支援につながり，本末転倒の結果を招きかねず，有害であるとの声もあった。さらに，5％強制支出要件を課しても，その使途を学生の学費支援や教員の教育・研究に振り向けるように厳格に求めないと，大学施設の遊園地化など"ハコモノ投資"に集中する可能性も高く，有害ではないかとの指摘があった。

　また，強制支出要件を回避するねらいから基本財産の名称変更などで対応する私大が出てくる可能性も指摘された。私大の運営は競争原理のもとにある。したがって，基本財産から生じた投資果実の法定額までの特定目的への強制支出（費消・還元）要件を設定したうえで課税する政策を選んだとしても，連邦議会が考えているような方向へ向かわないことが懸念された。

　逆に，こうした政府規制を実施することで，必要以上に課税権力が大学の運営，財務，大学の自治の介入する結果を招くとの指摘がなされた[36]。

　このような原案は生ぬるい，逆に有害であるなど，さまざまな意見や指摘が交錯するなか，連邦議会は，基本財産から生じた投資果実の法定額までの特定目的への強制支出（費消・還元）要件を設定したうえで課税する案では意見集約ができず，この案を斥ける結果となった。

　今回，連邦議会共和党主導で，私大の過大な基本財産（endowments）からあがる果実に対する1.4％の規制税が導入されたことは，アメリカの非営利公益団体界に衝撃を与えた。

　アメリカの有名私大は，公益増進団体（public charities）の適格を持つ501c3団体として，本来（教育）事業については連邦法人所得課税や連邦源泉課税を除外（免除）され，かつ保有する教育用資産に対しては地方団体が課す固定資産税も課税が除外（免除）されるという法環境のもとで，久しく法認された無税スキームの特典をおう歌してきた。この免税特典と金融工学の手法を巧みに駆使し，金融資産，実物資産の形で「塩漬け財産（hoarding）」を，その年の物

価上昇率の2倍以上の幅で拡大させてきた。

　確かに，私大が，各年の上がりをできるだけその年に費消せずに余剰として留保し，その果実を含め溜め込むことで将来に備える財務運営手法にも一理はある。しかし，非営利公益団体の衣をまとった私大の"富（wealth）"が，世間の常識を超えるほど多額になると，非営利公益の衣を脱がされるはめになる。清貧の誓いを忘れ，無税スキームのなかで巨大化する宗教団体が庶民のいらだちの的になるのに似ている。

　今回のトランプ税法改革法（TCJA）では，私立大学が，キャンパスをタックスシェルター，タックス・ヘイブンに見立てて，投資果実を含む法人収入を必要以上に基本財産として内部に留保，積み増しし再投資に回す"金権運営"にブレーキをかけた。学生数に応じた免税点額を法定し，その額を超えた場合には保有する基本財産から生じた投資所得（果実）に対し規制課税を実施することにした。言い換えると，私大に対し，基本財産自体や基本財産から生じた投資果実を現在学んでいるあるいはこれから学ぼうとする人たちにもっと費消・還元（payouts），支出・給付（distribution）するように求めた。

　これまで，連邦政府は，高騰する学費対策の一環として，官民の学費ローンの拡充に傾斜する形の苦学生支援を進めてきた。しかし，それが裏目に出た。職歴を重視するアメリカ社会においては，新卒者の多くは，低賃金の人手（human power）にはなりえても，人材（human resources）として正規就労するのは容易でないからである。多額の学生ローンを背負って卒業し，その後の返済地獄で苦しむケースが多発している。こうした状況を改善するために，連邦議会は，"学生が主役""学生ファースト"のスタンスにたって，課税制度を政策的に活用し，"私大の基本財産，内部留保やそこからあみ出されたキャッシュを大学法人にストックするのではなく，できるだけ多く現役学生にフローするように私大の財政運営改革を促す方向に舵を切った。もっとも，この課税政策は私大の財務体質を弱体化させるだけで，内部留保に課税すればその効果が下流に位置する学生に行きわたるとする考え方を疑問視する声もある。

　今回の税制改正で選択された手法は，公益増進団体（public charities）の適格を持つ私立大学の基本財産からあみ出された果実については，所得課税は引き

トランプ税制改革：私立大学内部留保課税の導入

続き非課税（免税）扱いをするものの，別建ての規制税の対象とすることにしたわけである。

2018 年 3 月 7 日に，全米 50 校の学長が，連邦議会のリーダーに対して，私大の内部留保課税の再考を求める書簡を送った[37]。また，翌 3 月 8 日，超党派の連邦議員が，この私大に対する内部留保課税廃止法案（The Delaney-Byrne Don't Tax Higher Education Act: H.R. 5220）を議会に提出した[38]。

その一方で，私立のニューヨーク大学（NYU）医学部のように，基本財産を累積するではなく費消するため学生全員の授業料を免除する方針を打ち出すところも出てきている[39]。

むすび～私大内部留保課税の所在

アメリカ連邦税法上の留保金税（AET）のもと，連邦課税庁（IRS）は，法人が「事業のための合理的必要性（reasonable business needs）」もないのにもかかわらず，配当を行わずに法定許容限度額を超える利益（earnings and profits）を留保していると判断したとする。この場合，それを，経済的二重課税の回避，あるいは租税回避目的（tax-avoidance purpose）での課税繰延べであると推定し，留保課税所得（ATI＝Accumulated taxable income）に対し個人所得税の最高税率（ただし，現在暫定的に 20％）で追加的に賦課課税することができる。すなわち，留保金税（AET）は，連邦税法上の C 法人（普通法人）であれば，閉鎖会社（closely held corporation）であるか公開会社（publicly held corporation）であるかを問わず，「事業のための合理的な必要性」超えた内部留保金を課税対象とする。また，AET は，経済的二重課税の回避（租税回避）の防止という視点からばかりではなく，所得課税におけるイコール・フッティング（equal footing），つまり「競争条件の均等化」確保の視点も加味したうえで，導入されている。

一方，トランプ税制改革法（TCJA）で導入された私大内部留保課税では，法定額を超えた過大な基本財産（内部留保/reserve funds）そのものを課税対象とするのではなく，その"投資果実（return）"に課税するという方法を採っている。課税対象とする「内部留保（金）」をイメージする際の 1 つのヒントになる。

わが国で私立大学をはじめとした非営利公益法人に対するこの種の内部留保課税を検討する必要性はあるのであろうか。仮にあるとすると，私大間格差の是正，イコール・フッティング，本来の事業にかかる金融資産収益に関する源泉所得非課税措置（所得税法11条1項）の見直し，学生数に応じた免税点を設定したうえで申告調整をするという方向性も考えられる。

＊なお，本稿は紙幅が限られており，報告の概要を執筆するに留めた。詳しくは，拙稿「トランプ税制改革：私立大学内部留保課税の導入～アメリカ私大への過大基本財産投資所得課税の仕組み（1～3）」月刊税務事例50巻9号～11号，拙稿「図解：留保金課税法制入門」，石村耕治・中村克己「対論：アメリカ私大のエンダウメント/基本財産の投資の実態」，拙稿「トランプ税制改革：私立大学内部留保課税の導入：米私大の過大基本財産投資への課税理論と課題」以上は国民税制研究4号（2018年12月）所収（http://jti-web.net/）を参照いただきたい。

注
1) アメリカ連邦所得課税について詳しくは，拙著『アメリカ連邦所得課税法の展開：申告納税法制の現状と課題分析』（財経詳報社，2017年）参照。また，アメリカの私大を含む非営利公益団体課税制について詳しくは，拙著『日米の公益法人課税法の構造』（成文堂，1992年）参照。
2) ここでは，「endowment(s)」，「エンダウメント（ツ）」を「基本財産」と邦訳しておく。「基金」またはわが国の学校法人会計における基本金をイメージして，「基本金」という邦訳を用いるのも一案である。もちろん，後述するように，アメリカ法にいう「endowment(s)」は，わが法でいう基本財産，基本金とは同義ではない。
3) 本稿では，「payout」を「費消・還元」と邦訳しておく。また，非配当法人である私立大学など非営利公益団体のコンテキストにおいて，「distribution」を「支出・給付」と邦訳しておく。「配当」とは邦訳しない。また，payoutとdistributionを同義でとらえている。
4) See, JCT, "Estimated Budget Effects of the Conference Agreement for H.R. 1, Tax Cuts and Jobs Act," JCX-67-17 (12/18/17).
5) 連邦の非関連（収益）事業課税制度は，投資収益に対する適用除外措置とともに，1950年の税制改正で導入された。この結果，連邦税法（IRC）は，非営利公益団体による経営支配を目的としていない金融資産投資（portfolio investment）からの投資収益（利子，配当，ロイヤルティ，一定のキャピタルゲイン等）は，非関連（収益）事業課税が適用除外（ただし，借入金により取得した金融資産にかかる金融収益等を除く。）となっている（IRC512条b項）。言い換えると，非関連の"事業収益"に加え，"金融収益"は，本来の事業にかかる原資から生じた果実か，収益事業から生じた果実かを問わず，原則として免税となる。ちなみに，わが国は，公益法人等に収益事業課税については，限定列挙主

義（現在 34 業種）を採用し，軽減税率（27%，基本税率 37.5%）で課税する（法人税法 4 条 1 項，法人税法施行令 5 条）。また，本来の事業にかかる金融資産収益については，源泉所得税が行われないことから，非課税となる（所得税法 11 条 1 項）。

6) 雨宮孝子・石村耕治ほか著『全訳 カリフォルニア非営利公益法人法』（信山社，2000年）37 頁以下，拙著『日米の公益法人課税法の構造』（成文堂，1992 年）44 頁以下参照。

7) トランプ税制改革法（TCJA）における非営利公益団体税制の見直しについては，See, Bruce R. Hopkins, "The Tax Cuts and Jobs Act Brings New Law for Tax: Exempt Organization" 29 Taxation of Exempts 3（March/April, 2018); Laura Kalick, "Six Tax Reform Issues Impacting Nonprofit Organizations, BDO international（March 29, 2018）.

8) 詳しくは，拙論「アメリカにおける内部留保金課税法制」労働総研クオータリー 111号（2018 年 11 月）参照。

9) わが国では，内国法人に対する法人所得課税においては全世界所得課税方式（would-wide taxing system）を基本とする。この基本を維持しながらも，2009（平成 21）年度の税制改正では，間接外国税額控除制度を廃止し，外国子会社からの受取配当金の益金不算入制度を導入した。この課税取扱いの変更は，配当所得については，実質的に全世界課税主義から領域内課税主義（テリトリアル課税方式）に修正・移行したとみることができる。もちろん，外国子会社からの配当以外の受取利子や使用料などの課税取扱いでは，従来どおり全世界課税主義が適用になる。内国法人が外国子会社から受け取る配当所得についての領域内課税主義（テリトリアル課税方式）への移行，益金不算入となったことから，外国子会社からの配当というルートを通じて国内の還流する収益については，それまでは課税の繰延べ（tax deferral）とされてきたものが，永久に非課税となったわけである。また，これにより，外国子会社が日本の内国法人である親会社へ配当・還流せずに内部留保することは不当な課税の繰延べにあたるとする理論展開は整合性をもたなくなったともいえる。外国子会社が行う配当と内部留保とは表裏一体の関係にある。したがって，外国子会社からの受取配当金の益金不算入制度への移行に際しては，それまでわが国に配当されず海外に蓄積・留保された分に対する精算課税を実施する必要がある。言い換えると，外国子会社留保利益に対する強制的なみなし配当課税（国外留保金課税）〜一般には「還流税（repatriation tax）」，「レパトレ課税」〜と呼ばれる，を実施しないと，特定企業へのタックスアムネスティ（租税の特赦），または公認の税のループホール（抜け道）を国家が用意するに等しい結果を招くことになる。わが国における 2009（平成 21）年度の税制改正時の配当所得に対する間接外国税額控除制度から外国子会社からの受取配当金の益金不算入制度の移行に際しては，こうした海外留保金課税，レパトレ課税実施の必要性の議論が，意図的に避けられたのではないか。カラクリがあり，大きな疑問符が付く。

10) See, 2017 NACUBO-Common fund Study of Endowments, at, 100（NACUBO, 2017）.

11) See, Janet Lorin & Loren Streib, House Panel Questions College Endowment Spending, Tax Benefits（Oct. 7, 2015）.

12) See, Molly F. Sherlock *et al.,* "College and University Endowments: Overview and Tax Policy Options," Congressional Research Service 7-5700（May, 2018）.

13) See, Brace R. Hopkins, "Chapter 11: Other Charitable Organizations," in The Law of Tax Exempt Organizations (10th ed., Wiley, 2011).

14) なお，より具体的な税額算定基準など詳細は，今後連邦財務省が発出する規則（Treasury Regulations）や連邦課税庁（IRS）が発出する通達（rulings）などを待たなければならない。

15) See. Christopher J. Ryan, Jr., "Trusting U: Examining University Endowment Management," 42 J.C. & U.L. 159 (2016). ちなみに，投資顧問や外部の投資コンサルタント会社への出来高払いの手数料があまりにも巨額になり，この面でも，私大と庶民が想定する"非営利公益"の価値観に大きな乖離が生じている。

16) See, NACUBO, Immediate Release: Educational Endowments Report Decline in 10-Year Return (January 25, 2018). Available at: https://www.commonfund.org/wp-content/uploads/2018/01/2017-NCSE-Press-Release-FINAL-IMMEDIATE-RELEASE.pdf

17) ただし，私立財団にあてはまる501c3団体については，その投資所得に規制税が課される（IRC 4940条）（前記【図表10】❶参照）。

18) See, Molly F. Sherlock et al., "College and University Endowments: Overview and Tax Policy Options," supra note 12, at 3.

19) See, Report Card on Tax Exemptions and Incentives for Higher Education: Pass, Fail, or Need Improvement? Hearing before the Committee on Finance, United States, 109th Congress, Second Session (December 5, 2006). Available at: https://www.finance.senate.gov/imo/media/doc/37861.pdf

20) See, Memorandum from Jane G. Gravelle, CRS to Sen. Baucus & Sen. Grassley (Aug. 20, 2007).

21) See, Offshore tax Issues: Reinsurance and Hedge Funds: Hearing before the Committee on Finance, United States Senate, 109th Congress, First Session (September 26, 2007). Available at: https://www.finance.senate.gov/hearings/offshore-tax-issues-reinsurance-and-hedge-funds

22) 私大の基本財産の投資対象の多様化については，前記【図表27】を参照。

23) もっとも，マスメディアからの質問に，デューク大学の広報担当者は，こうしたオフショア事業体の活用は，租税回避がねらいではなく，大学の基本財産からの果実を学生の学費援助や教員の研究費に有効活用したいという趣旨から行っているものであると回答している。See, Stephanie Strom, "Nonprofit Face Threat to a Tax Loophole," New York Times (May, 16, 2007). Available at: https://www.nytimes.com/2007/05/16/us/16hedge.html

24) See, Karen W. Aronson, "Senate Looking at Endowments ad Tuition Rises," New York Times (Jan. 25, 2008).

25) See, Jonathan D. Glater, "House Passes Bill Aimed at College Costs," N.Y. Times (Feb. 8, 2008). Available at: https://www.nytimes.com/2008/02/08/education/08education.html

26) See, e.g., Tamar Lewin, "Investment Losses Cause Steep Dip in University

Endowments, Study Finds," N.Y. Times（Jan. 28, 2010）. Available at: https://www.nytimes.com/2010/01/28/education/28endow.html

27）　See, Peter Cinti-Brown, "Scarcity Amidst Wealth: The Law, Finance, and Culture of Elite University Endowments in Financial Crisis," 63 Stan. L. Rev. 699（2011）.

28）　See, Janet Lorin, "Rich Schools Queried by U.S. Lawmaker on Endowment Spending," Blumberg（Feb. 9, 2016）. Available at: https://www.bloomberg.com/news/articles/2016-02-09/richest-schools-queried-by-u-s-lawmakers-on-endowment-spending

29）　See, *e.g.*, Adam Looney, "More Students Are Taking on Crippling Debt They Can't Repay: It's Time for Higher Education to Share the Risks," Urban-Brookings Tax Center（Feb. 16, 2018）. Available at: https://www.brookings.edu/blog/up-front/2018/02/16/more-students-are-taking-on-crippling-debt-they-cant-repay-its-time-for-higher-education-to-share-the-risks/

30）　See, Tiffany Chou, et al., "A Risk-Sharing Proposal for Student Loans" The Hamilton Project（Apr 26, 2017）. Available at: http://www.hamiltonproject.org/assets/files/risk_sharing_proposal_student_loans_pp.pdf

31）　租税歳出（tax expenditures）や租税歳出予算（tax expenditure budgets）について邦文の研究としては，拙論「租税歳出概念による租税特別措置の統制」〔石村耕治著〕『アメリカ連邦税政法の構造』（法律文化社，1995 年）第 2 章所収参照。

32）　See, Daniel Halperin, "Is Income Tax Exemption for Charities a Subsidy," 64 　Tax Law Rev. 283（2011）.

33）　CSR, Molly F. Sherlock *et al.*, College and University Endowments: Overview and Tax Polity Options, note 22, at14. なお，このデータは，私大にみならず，州立大を含む。

34）　私大内部留保課税立法をすすめてきた連邦議会上院のグラスリー議員は，現行の私立財団（private foundation）に対する前課税年末の投資果実の 5 ％支出要件（IRC 4942条）は，事実上 5 ％上限として機能している旨指摘している。See, Goldie Blumenstyk, "Grassley: Colleges' Endowment Spending Is Still on the Front Burner," Chron. Higher Educ.（March 9, 2010）. Available at: https://www.chronicle.com/article/Grassley-Colleges-Endowment/64572

35）　See, Congressman Tom Reed, White Paper: Our Vision for Students, at 2（2016）.

36）　See, Alexander M. Wolf, "The Problems with Payouts: Assessing the Proposal for a Mandatory Distribution Requirements for University Endowments," 48 Harv. J. on Legis. 591（2011）.

37）　See, Janet Lorin," Harvard, Yale Would Get Relief in Bipartisan Proposal," Blumberg（March 8, 2018）. Available at: https://www.bloomberg.com/news/articles/2018-03-08/bipartisan-bill-would-scrap-congress-s-new-college-endowment-tax

38）　See, Press Release, "Delaney, Byrne Introduce the Don't Tax Higher Education Act,"（March 8, 2018）. Available at: https://delaney.house.gov/news/press-releases/delaney-byrne-introduce-the-don-t-tax-higher-education-act

39）　See, David W. Chen, "Surprise Gift: Free Tuition for All N.Y.U. Medical Students," New York Times（Aug. 16, 2018）.

《参考資料》

【資料1】 アメリカ富裕上位18大学の概要［2018年7月］

① ハーバード大学 （私立）マサチューセッツ州ケンブリッジ
- 基本財産：約360億ドル〔36,021,516,000ドル〕【3兆6千億円超】
- 学部学生平均年間学費：48,949ドル【489万円超】
- 常勤教授の平均年間給与：221,382ドル【2,218万円超】
- 年間研究予算：1,077,253,000ドル【1,000億円超】

② エール大学 （私立）コネチカット州ニューヘイブン
- 基本財産：約271億ドル〔27,176,100,000ドル〕【2兆7千億円超】
- 学部学生平均年間学費：51,400ドル【514万円超】
- 常勤教授の平均年間給与：216,189ドル【2,161万円超】
- 年間研究予算：881,765,000ドル【881億円超】

③ テキサス大学システム （州立）テキサス州オースティン
- 基本財産：約265億ドル〔26,535,095,000ドル〕【2兆6千億円超】
- 学部学生平均年間学費：36,744ドル（オースティン校）【367万円超】
- 常勤教授の平均年間給与：116,119ドル（オースティン校）【1,161万円超】
- 年間研究予算：621,292,000ドル【621億円超】

④ スタンフォード大学 （私立）カリフォルニア州スタンフォード
- 基本財産：約247億ドル〔24,784,943,000ドル〕【2兆4千億円超】
- 学部学生平均年間学費：49,617ドル【496万円超】
- 常勤教授の平均年間給与：234,549ドル【2,345万円超】
- 年間研究予算：1,066,269,000ドル【1,066億円超】

⑤ プリンストン大学 （私立）ニュージャージー州プリンストン
- 基本財産：約238億ドル〔23,812,241,000ドル〕【2兆3千億円超】
- 学部学生平均年間学費：47,140ドル【471万円超】
- 常勤教授の平均年間給与：206,496ドル【2,049万円超】
- 年間研究予算：305,147,000ドル【305億円超】

⑥ MIT（マサチューセッツ工科大学） （私立）マサチューセッツ州ケンブリッジ
- 基本財産：約149億ドル〔14,967,983,000ドル〕【1兆4千億円超】
- 学部学生平均年間学費：49,892ドル【498万円超】
- 常勤教授の平均年間給与：213,750ドル【2,137万円超】
- 年間研究予算：946,159,000ドル【946億円超】

⑦ ペンシルバニア大学 （州立）ペンシルバニア州フィラデルフィア
- 基本財産：約122億ドル〔12,213,202,000ドル〕【1兆2千億円超】
- 学部学生平均年間学費：53,534ドル【535万円超】
- 常勤教授の平均年間給与：209,223ドル【2,092万円超】
- 年間研究予算：1,296,429,000ドル【1,296億円超】

⑧ テキサスA&M大学システム （州立）テキサス州カレッジステーション
- 基本財産：約115億ドル〔11,556,260,000ドル〕【1兆1千億円超】
- 学部学生平均年間学費：36,606ドル（カレッジステーション校）【366万円超】
- 常勤教授の平均年間給与：140,436ドル（カレッジステーション校）【1,403万円超】
- 年間研究予算：892,718,000ドル（カレッジステーション校）【892億円超】

トランプ税制改革：私立大学内部留保課税の導入

⑨ ミシガン大学 (州立) ミシガン州アナーバー
・基本財産：約 109 億ドル〔10,936,014,000 ドル〕【1 兆 09 千億円超】
・学部学生平均年間学費：47,476 ドル（アナーバー校）【474 万円超】
・常勤教授の平均年間給与：167,364 ドル（アナーバー校）【1,673 万円超】
・年間研究予算：1,436,448,000 ドル（アナーバー校）【1,436 億円超】
⑩ ノースウエスタン大学 (私立) イリノイ州エバンストン
・基本財産：約 104 億ドル〔10,436,692,000 ドル〕【1 兆 04 千億円超】
・学部学生平均年間学費：52,678 ドル【529 万円超】
・常勤教授の平均年間給与：200,268 ドル【2,002 万円超】
・年間研究予算：713,491,000 ドル【713 億円超】
⑪ コロンビア大学 (私立) ニューヨーク州ニューヨーク
・基本財産：約 99 億ドル〔9,996,596,000 ドル〕【9,996 億円超】
・学部学生平均年間学費：57,208 ドル【572 万円超】
・常勤教授の平均年間給与：215,091 ドル【2,150 万円超】
・年間研究予算：837,312,000 ドル【837 億円超】
⑫ カリフォルニア大学システム (州立) カリフォルニア州オークランド
・基本財産：約 97 億ドル〔9,787,627,000 ドル〕【9,787 億円超】
・学部学生平均年間学費：未公表
・常勤教授の平均年間給与：未公表
・年間研究予算：未公表
⑬ ノートルダム大学 (私立) インディアナ州ノートルダム
・基本財産：約 93 億ドル〔9,352,376,000 ドル〕【9,352 億円超】
・学部学生平均年間学費：51,505 ドル【515 万円超】
・常勤教授の平均年間給与：175,518 ドル【1,755 万円超】
・年間研究予算：202,216,000 ドル【202 億円超】
⑭ デューク大学 (私立) ノースカロライナ州ダーハム
・基本財産：約 79 億ドル〔7,911,175,000 ドル〕【7,911 億円超】
・学部学生平均年間学費：53,500 ドル【535 万円超】
・常勤教授の平均年間給与：188,199 ドル【1,881 万円超】
・年間研究予算：1,055,778,000 ドル【2,557 億円超】
⑮ ワシントン大学セントルイス (私立) ミズーリ州セントルイス
・基本財産：約 78 億ドル〔7,860,774,000 ドル〕【7,860 億円超】
・学部学生平均年間学費：51,533 ドル【515 万円超】
・常勤教授の平均年間給与：180,207 ドル【1,802 万円超】
・年間研究予算：741,115,000 ドル【741 億円超】
⑯ シカゴ大学 (私立) イリノイ州シカゴ
・基本財産：約 75 億ドル〔7,523,720,000 ドル〕【7,523 億円超】
・学部学生平均年間学費：56,034 ドル【560 万円超】
・常勤教授の平均年間給与：224,811 ドル【2,248 万円超】
・年間研究予算：420,997,000 ドル【420 億円超】
⑰ エモリー大学 (私立) ジョージア州アトランタ
・基本財産：約 69 億ドル〔6,905,465,000 ドル〕【6,905 億円超】
・学部学生平均年間学費：49,392 ドル【493 万円超】
・常勤教授の平均年間給与：166,959 ドル【1,669 万円超】

・年間研究予算：614,527,000ドル【614億円超】
⑱ コーネル大学 （私立）ニューヨーク州イティカ
・基本財産：約67億ドル〔6,757,750,000ドル〕【6,757億円超】
・学部学生平均年間学費：52,853ドル【528万円超】
・常勤教授の平均年間給与：170,874ドル【1,708万円超】
・年間研究予算：974,199,000ドル【974億円超】

【注】 1ドル＝100円で換算
【出典】James A. Barham, The 100 Richest University: Their Generosity and Commitment to Research 2018：2017 NACUBO-Commonfund Study of Endowments（NCSE）（January 25, 2018）

【資料２】 アメリカ大学基本財産投資顧問企業の報酬額トップ10（2016年度）

	① AUM	②運用益率	③投資顧問名	④関与大学名	⑤報酬額
1	345億ドル【3.45兆円】	5.9%	Narv Narvekar	ハーバード大学	1,375万ドル【13億円】
2	254億ドル【2.54兆円】	10.4%	David Swensen	エール大学	488億ドル【4.88億円】
3	16億ドル【1,600億円】	6.3%	Investure（OCIO）	スミスカレッジ	412億ドル【4.12億円】
4	15億ドル【1,500億円】	6.1%	MaKena（OCIO）	ワシントン＆リー大学	411億ドル【4.11億円】
5	10億ドル【1,000億円】	7.0%	Investure（OCIO）	ミドルバリーカレッジ	407億ドル【4.07億円】
6	84億ドル【8,400億円】	8.4%	Scott Malpass	ノートルダム大学	390億ドル【3.9億円】
7	90億ドル【9,000億円】	7.4%	Peter Holland	コロンビア大学	376億ドル【3.76億円】
8	11億ドル【1,100億円】	5.9%	PWP/Agility（OCIO）	コロラド大学財団	350億ドル【3.50億円】
9	96億ドル【9,600億円】	6.5%	William McLean	ノースウエスタン大学	297億ドル【2.97億円】
10	14億ドル【1,400億円】	6.3%	Cambridge Assoc.（OCIO）	アーカンソー大学財団	284億ドル【2.84億円】

【注】①運用資産残高（AUM＝assets under management），②過去5年運用益率（5 year average return rate），③投資顧問企業（chief investment officer），④大学名（institution of endowment），⑤総報酬額（total remuneration）
【用語解説】OCIO firm＝outsourced Chief Investment Officer Firm/投資顧問企業
【換算】1ドル＝100円で換算
【出典】Compensation: Top100＋Chief Investment Officers, The Skorina Letter（07/23/2017）

租税立法と法理論

浅 野 善 治
（大東文化大学副学長，
大東文化大学大学院法務研究科教授）

I　はじめに

　日本大学名誉教授であった北野弘久先生が亡くなり，早9年を経過した。この度先生が長く理事長を務められていた日本租税理論学会の研究大会において報告をさせていただける機会をいただき，同学会の紀要にも論文を掲載させていただく機会をいただいた。

　日本租税理論学会の研究大会では，いつも先生が一番前の席にお座りになり，会員報告に対して厳しい質問，コメントをされていたことが思い出される。

　今回の報告のテーマとして，北野税法学が最も大事にしてこられた納税者基本権に係るものをと考え，また，北野先生と同様に税制立法に携わったものとして，これまで税法学の研究としてもあまり取り上げられてこなかった立法という側面から，そこで納税者の権利がどのように扱われ，何が大切にされなければならないのかという点について，取り上げたつもりである。私は，北野先生と考え方を同じくする者とはいえないが，北野税法学の根底にある納税者の基本的権利の尊重という考え方からは多くの示唆をいただいた。北野税法学を研究しておられる研究者に，何らかの刺激を与えることができれば，幸いである。

II　納税者の権利と憲法

1　国家権力と納税者の権利

　北野先生の著書『税法学の基本問題』（成文堂，昭和47年）の序文に「一貫し

てわたくしの脳裏にあったことがらの一つは，現代資本主義法としての現代税法の構造的特質を法律学のレベルにおいてトータルに認識することであった。今一つは，…税法解釈学の基礎理論をいかに民主的に構築するかということであった。…税法解釈学上の基礎的諸問題の解明においてわたくしのもっとも意を用いたことがらは，日本国憲法の格調高い人権感覚を税法レベルにおいていかに具体的に理論化するかという点であった。思うに，法実践論的には，税法は『徴税の法』ではなく，まさに徴税権力に対抗する納税者側『権利立法』として捉えられねばならない。」とある。さらにこの記述は昭和59年に出版された「税法学原論」の初版の序文にも引用され，そこでは「本書での基本的問題視角は，…別の言葉で表現すれば，それは，国民主権原理を基調とする日本国憲法秩序にもっとも適合するところの税法の実践的基礎理論をいかに構築するか，ということにつきる。」としている。そして平成19年の同第6版の冒頭では，「租税国家体制において「納税者」に特化した形で基本権を提示することが法実践的に重要な積極的意義がある」とする。

　ここには，北野先生の，徴税という国家の権力行使から，納税者の権利を擁護，尊重することの必要性，重要性が認識され，実践されなければ，日本国憲法の保障する国民主権も基本的人権の尊重も確保されないという強い意思が感じられる。国家の財政規律を民主的に確保するために議会が発生したともいわれるように，そもそも財政民主主義は国民の権利を権力の不当な財産拠出の要求から防ぐことに大きな目的があったわけであるから，国家財政においても納税者である国民の権利を最も基本として考えなければならないことは論を俟たない。日本国憲法においても，国家の財政確保における国民の権利の尊重について当然配慮されている。日本国憲法において，租税あるいは納税者の権利がどのように捉えられ位置づけられているのであろうか。

2　租税の概念　政策的調整

　北野先生は，租税についての最も一般的な定義である「国または地方公共団体がその必要な経費に充てるために，国民から特別の給付に対する反対給付としてではなく強制的に徴収する金銭給付」では，収入目的のほかに国家のさま

ざまな資本主義的政策目的（景気対策，産業政策等）を達成する手段として役割を担っており，そのような政策目的を達成する手段としてときに収入目的を犠牲にすることが行われることが表現されておらず，また，法的根拠が示されておらず不完全だとする。そして，日本国憲法を基礎として，従来のような財政権力側ではなく，納税者・国民側にたった法実践的な租税の法的概念を構成するとして，「日本国憲法のもとではすべての租税は福祉目的のために徴収されかつ使用されなければならない」ことを提唱する。

　日本国憲法における租税に関する規定は，30条で国民の納税の義務を定め，84条で租税法律主義を定める。北野先生は，これに加え，13, 14, 25, 29条を挙げ応能負担原則が定められているとする。

　税収の確保とその負担の適正とは区分された福祉政策による負担の調整が加えられることがあり，応能負担はこれらを含めて担税力としての評価がされるべきというように理解できる。福祉政策による負担の調整が担税力の評価ということとして行われているのであれば，租税の理論として大きな問題は生じない。しかし，担税力の評価としては収まらない負担の調整が行われる場合がある。

III　租税立法の立法裁量

1　大嶋訴訟における裁量統制　14条1項

　租税立法の憲法適合性が問題となった事件として大嶋訴訟（最高裁大法廷昭和60年3月27日判決（民集39巻2号247頁））がある。給与所得者である原告が，所得税法の規定は給与所得者に対して他の所得者特に事業所得者と比較して不当に重い負担を課すもので憲法14条1項に違反して無効だと争った。

　具体的な争点としては，給与所得者には給与所得控除が認められている反面，実額による必要経費が認められておらず，実額による必要経費が認められ税負担が決定される事業所得者との間で憲法14条1項に違反する不平等が存在すると主張された。

　控訴審である大阪高裁（昭和54年11月7日行集30巻11号1827頁）は，請求こそ認めなかった（控訴棄却）ものの，「自己と同程度の給与収入を有するサラ

リーマン一般の現実の職業支出額や物価上昇率その他の資料によつて，適正職業費の額を調査し，それが給与所得控除額を明らかに超えているという場合には，憲法14条にもとづいて不当な差別廃止請求として右控除額に拘らず，明らかな適正職業費全額について，その非課税を求めることができるものと解される」ことを判示していた。

　上告審である最高裁は，憲法30条，84条に触れた後に，「憲法自体は，その内容について特に定めることをせず，これ法律の定めるところにゆだねているのである。思うに，租税は，今日では，国家の財政需要を充足するという本来の機能に加え，所得の再分配，資源の適正配分，景気の調整等の諸機能をも有しており，国民の租税負担を定めるについて，財政・経済・社会政策等の国政全般からの総合的な政策判断を必要とするばかりでなく，課税要件等を定めるについて，極めて専門技術的な判断を必要とすることも明らかである。したがつて，租税法の定立については，国家財政，社会経済，国民所得，国民生活等の実態についての正確な資料を基礎とする立法府の政策的，技術的な判断にゆだねるほかはなく，裁判所は，基本的にはその裁量的判断を尊重せざるを得ないものというべきである。」として立法の広範な裁量を正面から位置づけ，「著しく不合理であることが明らかでない限り，その合理性を否定することができず，これを憲法14条1項の規定に違反するものということはできないものと解するのが相当である。」とする。

2　立法裁量における政策的調整と技術的調整

　最高裁の判示するところによれば，財政需要の確保という租税本来の機能に加え，北野先生が指摘するところの福祉目的を含めた多様で広範な政策的要求を含めた立法機関における広範な裁量による政策的，技術的な決定についても，その合理性を「著しく不合理であることが明らかであることを」基準として憲法違反を判断するというのである。この基準に従えば，国会で正当な手続きで審議され可決されたものであれば，「著しく不合理であることが明らかである」ということは起こりえるはずもなく，およそ違憲とされることはあり得ないということになろう。

しかし，この判決の中で，「政策的」判断と「技術的」判断を分けて記述していることは注目される。「政策的」な事項と「技術的」な事項とでは裁量統制が異なるのではないかということが示唆されるからである。

また，この判決には，注目される補足意見が付されている。

3　違憲基準の厳格性

伊藤正巳裁判官は，「法廷意見の説くように，租税法は特に強い合憲性の推定を受け，基本的には，その定立について立法府の広範な裁量にゆだねられており，裁判所は，立法府の判断を尊重することになるのであるが，そこには例外的な場合があることを看過してはならない。」とする。今回の事案では，14条1項に反するかどうかについて厳格な基準で判断する場合ではないことは明らかだと結論付けているものの，租税立法の立法裁量の統制の基準についても一律に判断されるものではなく，厳格な基準によって判断されるべき場合があるとする。

谷口正孝裁判官は，多数意見とはまったく異なる見解から違憲の判断基準が導き出される場合があるとする補足意見を付している。少し長くなるが同裁判官の補足意見を引用する。「…給与所得者について給与所得控除の額を明らかに超えて必要経費の存する場合を想定し，これに論及する必要があることは当然である。もっとも，この場合にも給与所得として計上されるべきものが存する以上，その所得者に対し名目上の給与額に応じて課税することも立法府の裁量の問題として処理すれば足りるという見解もあろう。しかし，私はこのような見解は到底採用し得ないものと考える。けだし，前述のごとく必要経費の額が給与所得控除の額を明らかに超える場合は，その超過部分については，もはや所得の観念を容れないものと考えるべきであつて，所得の存しないところに対し所得税を課する結果となるのであり，およそ所得税賦課の基本理念に反することになるからである。

そして，所得と観念し得ないものを対象として所得税を賦課徴収することは，それがいかに法律の規定をもつて定められ租税法律主義の形式をとるにせよ，そして，憲法14条1項の規定に違反するところがないにせよ，違憲の疑いを

49

免れないものと考える。」とする。

　所得と観念し得ないものに対して所得税を課することは所得税賦課の基本理念に反するものであり，立法裁量の問題ではなく，14条1項にも84条にも違反するところがないとしても違憲の疑いを免れないとするのである。ここでは所得税賦課の基本理念に反することが違憲かどうかの判断基準とされている。

　この点について，島谷六郎裁判官は，「給与所得者の必要経費の実額が給与所得控除の額を超える場合の存する可能性がないとはいえず，超過の程度が著しいときは，給与所得に係る課税関係規定の適用違憲の問題が生ずることになると考えられる…。また，右の超過の程度が著しいとはいえないときであつても，超過額の存する限り所得のないところに課税が行われる結果となり，それが直ちに違憲の問題を生ぜしめるものではないとしても，所得課税という所得税の基本原則に照らし，安易に看過し得ないものとなるといわなければならない。」とし，直ちに違憲とはいえないが看過し得ないとの補足意見を述べている。

4　基本理念，基本原則による統制

　大嶋訴訟においては，給与所得者と事業所得者の扱いが憲法が定める平等に反するとして14条1項違反を争点として争われている。最高裁もこの観点から判断し，その両者の区別が著しく不合理であることが明らかであるとはいえないとしている。

　しかし，補足意見の谷口裁判官と，島谷裁判官は，両者の差が憲法の定める平等に反するかということではなく，所得のないものに課税することが基本理念や基本原則に照らして許されないことを問題にしているのであり，この両者の取扱の不平等を問題にしているのではない。特に谷口裁判官は，この点について14条1項や84条とは異なる理由において「違憲の疑いを免れない」としてこれも憲法上の問題だとしているのである。

　所得のないものに課税する点は憲法上どのように考えるべきであろうか。「違憲の疑いが免れない」とする以上，違憲と判断する何らかの根拠が存在するはずである。また，その根拠が基本原則や基本理念というのであれば，その

基本原則，基本理念とはいったいどのようなものか明らかにする必要がある。

憲法は，第3章に国民の権利及び義務を定めている。10条でまず，権利を保有し義務を負う対象の国民の要件を定め，11条，12条に基本的人権の総則的事項を定め，13条で包括的に個人の尊重と公共の福祉について定め，14条で平等原則を定めている。15条から28条までは具体的な権利について定めているが，29条は具体的な権利というよりは自由財産制度について定めている。30条で納税の義務を定め，31条からは国家刑罰権行使に関する国民の権利についての規定が続く。

ここで注目したいのは29条と30条である。29条1項で「財産権は，これを侵してはならない。」と定め，しかし同条3項で「私有財産は，正当な補償の下に，これを公共の福祉のために用ひることができる。」と規定する。その規定に続けて，30条で「法律の定めるところにより，納税の義務を負ふ。」と定める。これらを総合して眺めると，財産権は侵すことができないが，正当な補償を行うか，納税義務として法律で定める場合には，これを公共のために用い，拠出させることができるということとなる。

もっとも私有財産を公共の用に供するための必要な補償については，補償が必要となるのは特別な負担を生じさせる場合であり，一般的な負担を負わせ公共の用に供する場合については受忍すべきとされており，一般的に受忍すべきであることが相当とする合理性がある場合には補償なしに財産を拠出させることができることとなる。

憲法上，何らの補償なしに財産を拠出することが許されるのは，租税として負担を求める場合と公共の用に供するために財産を求めることが特別な負担ではなく，これを受忍することが一般的である場合のいずれかということになる。

Ⅳ　納税の義務

租税として財産の拠出を求める場合については，法律で定めることにより納税の義務を負わせることができる。この場合にどのようなものでも租税として法定できるというものではなく，憲法は特別に84条に規定を設けている。この趣旨から見て，租税として負担を求めることが合理的であるか厳格に判断さ

れ，租税として負担を求めることできるものに限って法律で定めることができるということになる。

　租税とは何かということがこの合理性の判断に大きく影響する。

　「租税」とは，一般的には，国または地方公共団体がその必要な経費に充てるために，国民から特別の給付に対する反対給付としてではなく強制的に徴収する金銭給付と定義される。国家または自治体の財政需要に応じる国民または住民の負担ということになる。しかしその内容は一義的に決まるものではなく，最高裁は，「憲法自体は，その内容について特に定めることをせず，これ法律の定めるところにゆだねているのである。思うに，租税は，今日では，国家の財政需要を充足するという本来の機能に加え，所得の再分配，資源の適正配分，景気の調整等の諸機能をも有しており，国民の租税負担を定めるについて，財政・経済・社会政策等の国政全般からの総合的な政策判断を必要とするばかりでなく，課税要件等を定めるについて，極めて専門技術的な判断を必要とすることも明らかである。」とする。ここで着目したいのは，租税の機能を想定し，それを適切に機能させるのに必要な国民負担をいうとしていることである。租税をこのようなものとして捉えるとするならば，租税立法における裁量についても租税としていかに適切な課税をするかという課税に係る裁量，租税徴収における適切性をいかに確保するかという技術的裁量に限られるということになる。

　「租税」を北野先生の考えのようにその財政需要の捉え方において広く福祉的な観点を取り入れたとしても，国家の社会福祉を充実させる福祉政策としての財政需要を満たすという意味で「福祉目的税」として捉えるのであれば異なるところはない。しかし，財政需要の調達やその他の租税に備わる所得再分配等の諸機能に加えて，租税制度の設計そのものにこれまで租税が備える機能を超えた福祉的な観点からの負担の調整を加えるとするのであれば，立法裁量の質も幅も大きく異なることになる。租税を福祉政策等の社会政策の手段として財産の強制的な拠出として用いる場合における裁量ということになる。

　財源の確保や所得の再分配という租税の機能を果たすための租税法の立法裁量と租税を財産の強制的な拠出というものと置き換え，財産の強制的徴収額を

調整して福祉政策としての機能を行わせるという場合の立法裁量は，異なるのではないかということである。

この後者の立法裁量は，公共の福祉のために反対給付なしに財産を拠出させる合理性が求められることになり，その特定の対象者に一定の財産の拠出を求める目的は何か，その目的を達成するためにそのような拠出を求めることが合理的かという点について明確にし，審査することが必要となろう。

大嶋訴訟において谷口裁判官，島谷裁判官が指摘する基本原則，基本理念というのは，この租税として納税の義務を定める場合における基本原則，基本理念を捉えたものであり，この基本原則，基本理念に従わない課税は租税として財産を拠出させる合理性についての説明が困難ということではなかろうか。

V　租税法の基本原則，基本理念

日本国憲法では，租税とは何かについて特に定められておらず，84条において法律で定めることが求められているだけである。しかし，法律で租税であると定めれば租税となるものではない。

「租税」とは何か，「租税」はどのように賦課されなければならないのかについては，租税法の研究において深く考察されている。「租税」は財政需要を充足するために，課税権に基づき強制的に徴収する金銭給付であると捉え，その課税においては，基本的人権の尊重，個人の尊厳の最大限の尊重から導き出される平等原則が課税の局面においても及び，国民間の税負担は公平に配分されなければならないことが要請されるとされる。

しかし，何をもって公平といえるかについては一義的に決定できるものではなく，国民が国家から受ける保護ないし利益に応じて課されるべきとする利益説の考え方や国民各自の税を負担する能力すなわち担税力に応じて課されるべきとする能力説の考え方が生まれることになる。いずれも公平な課税を求めて配分を決定したことに変わりはないが，個々の国民が置かれる状況が加味されるという点で，担税力に応じた課税がより適切な課税となるという考え方が，現在の税制を支配する基本的概念と考えられている。

担税力に応じた税負担の配分とは等しい担税力を持った者は等しい税負担を

負うこととなり各自の能力に応じた課税が確保される。

　租税法理論においては，公平に負担が配分されなければならないということを基本原則として，そのための指標として負担に応じる合理的な能力として担税力を設定することが要請されていると整理することができる。こうして導き出された負担の配分が最も公平な負担ということとなるが，さらに租税負担の実効上の要求からの調整が加えられることがある。担税力を指標としない青色申告控除などがその例である。理論上の適正と理論的課税の実効上の問題を含めた実際上の適正とは異なるという考え方に立つものと思われる。いずれにしても租税負担を設定する広範な立法裁量は，こうした租税法理論の実体的要請とこれを実現する過程等での技術的要請の範囲内での合理性が確保されていなければならない。

　担税力の指標・基準として所得を設定することとして所得税を設計し負担を求めることとするのであれば，所得を指標・基準とすることの合理性と負担を求める細かな要件がこの担税力との関係で合理性が確保されていることが説明されていることが必要となる。また，担税力という指標・基準で説明できないことがあるのであれば，それは租税負担上の技術的要請として合理性が説明できるものでなければならない。

　所得税における累進課税や基礎控除やその他の控除もこうした観点から説明ができるものでなければならない。これをもって所得課税の基本理念，基本原則に従った課税ということになるのではないかと考える。

　しかし，担税力として設定された指標，基準に応じた課税は租税法理論上から最も適切な公平な課税が確保されるものであるとしても，また，こうした負担の修正が許されるのは租税負担に伴う技術的調整の範囲内に限られるとしても，そこには社会的な個別の政策的要請からの調整が加味されているものではない。社会における様々な政策的要請や政治的要請を含めると，必ずしもその通りの課税が行われているわけではない。

　税負担の公平という基本原則に負担が生じたとしても一定の範囲に税負担を軽減したり加重したりすることによって政策的要請，政治的要請を実現することが社会全体の利益となるという判断である。

政策的要請，政治的要請に応えることにより得られる社会全体の利益が公平な課税に負担を生じさせることにより失われる利益より上回ると判断されるのであれば，このような税負担の調整も当然に許されるものであり，現行の税制においても各種の政策的調整が行われている。こうした税負担の調整が合理的であるか否かは，こうした政策的な税負担の差異を用いた調整を定める立法における広範な裁量の中で判断されるということとなる。

こうした政策的調整は，広範な立法裁量に任されているとしてもそれは無限定に行われることを許すものではない。広範な立法裁量はどのような基準によって統制されなければならないかという問題である。

その合理性は，税負担の公平という基本原則に負担をかけても一定の範囲に税負担を軽減したり加重したりすることによって政策的要請，政治的要請を実現することが社会全体の利益となるかどうかが測られるものでなければならない。

この判断の指標としては，税負担の公平という基本原則に負担をかける政策的要請，政治的要請の達成しようとしている社会的利益の合理性が検証できることが必要であり，これは政策的要請，政治的要請の目的の正当性及び合理性に表れる。また，公平という基本原則に負担をかける目的の正当性が確保されたとして，その目的を達成する手段としての適切性が検証できることも必要である。これは税負担の差を設けることが，その政策的目的，政治的目的を達成するために有効なものであるかということと，その差の程度がその目的を達成するために必要な範囲を超えていないかということに表れる。

つまりは，税負担の差を設け，一定の範囲のものに優遇を与え，または，過重な負担を設けることにより達成しようとすると想定されている政策的目的や政治的目的が社会全体の利益の達成という観点からみて合理的なものであり，その目的を達成するためにその負担の差を設けることが手段として合理的関連性を持ち，かつその負担の程度がその達成のための合理的範囲を超えていないことが必要だということになる。この目的及び手段の適切性・合理性の判断は，広範な立法裁量に任されており，立法機関により適切，合理的と判断されたことは基本的に尊重されることになる。

税制立法においては，広範な裁量が認められているとしても，租税法理論から導き出されるところによる税制としての基本原則・基本理念に従ったものであるかという合理性と政策的に税負担に差を設けることの目的の正当性とその手段としての合理性が確保されていなければならないということになろう。

　このような合理性が確保されていない場合に，憲法上どのように審査されることとなるのであろうか。このような合理性が確保されていないということは，二つの事象を比較してその差が憲法の平等原則に反するというような評価とは異なる。このような税負担を求めること自体に合理性を欠くのであり，二つの事象を比較して適正が判断されているわけではない。

　憲法14条1項の問題ではなく，合理的な理由がなく財産の供出が強制されていることが問題となっている。憲法は31条に納税の義務を定めており，租税として合理的なものであれば，これを負担する義務を負うことになる。憲法は84条において租税については法律でその内容を定めることを求めているが，法律でどんなものでも租税と定めることができるわけではない。前述の立法裁量のところで検討したように，租税としての負担が合理的に説明できるものでなければならない。

　立法機関において租税の負担として定めることのできる立法裁量を超えたものについては，正当な理由のない財産の侵害となり，憲法29条に違反すると考えることが適当であろう。

Ⅵ　大嶋訴訟の検証

　以上のような考え方から，大嶋訴訟について検証する。大嶋訴訟において問題となったのは個人についての所得課税である所得税の課税所得の計算における，事業所得者と給与所得者の扱いの違いである。課税所得の計算は，収入から経費を控除することにより求められるが，事業所得者においては経費の実額を証拠書類等により明らかにして計算するのに対して，給与所得者は収入額を基準とする概算の経費の額が定められており，実額を計算することなくこの額を収入から控除することとされていた。給与所得者においては，経費がその概算額に満たなくてもその額を控除することができる反面，実際の経費の額が，

その概算額を超えていても概算額の控除しかできないこととされていた。

　所得税は，所得を担税力とする租税であり，所得の額が的確に算出できることが不可欠である。所得は収入から経費を控除することにより求められるが，給与所得者においては実際の経費の額により所得が算出されているわけではない。このような概算経費額を用いた所得の計算が合理的といえるのかということが問題となる。

　経費の計算について定めるにあたっての立法事実として，膨大な数の給与所得者が実額経費を計算し税務署に申告したとしても，その全数を調査することは不可能であり，その申告の真実性は十分に確保されるものではない。給与所得者については事業所得者と比べて収入の獲得は給与の支給によることから多様性がなく経費の概算額が実額と大きく離れることはあまり想定されない。給与所得者に実額の経費の計算を求めたとしても証拠書類の保存も必要となり，給与所得者においても大きな負担となり，すべての給与所得者が的確な計算を行うことは期待できない，実際の経費と概算経費の額が大きく異なることは少ない，という事情が存在する。

　このような事情が存在するのであれば，給与所得者においても実際に経費を計算して申告を求めるよりも概算経費額により所得を算定することとしたほうが，適正な所得を計算できることが想定される。徴税側の負担だけではなくほとんどの場合には給与所得者にとっても概算の経費額を用いることが有利となる。

　担税力としての所得としては，実額の経費を用いて計算したほうが理論的に正しいとしても，以上のような実際上の徴税手続き上の要請から，概算経費額を用いて所得を計算し，これを担税力の指標として課税することも，その課税額が実際の所得を用いた場合の課税の額と大きく異ならないとして立法機関がこの措置について税理論上合理的だと判断することも十分考えられることであり，このような判断がなされたとしても著しく合理性を欠くとは到底いえない。

　しかし，実際の経費の額を用いて計算した課税額と概算経費額を用いて計算した場合の課税額との差が，徴税上の要請から合理的と判断できる範囲を超えるものであり，かつ，その結果実際には所得がないものについて所得があると

されることとなるときは同様に考えることはできない。担税力の指標として所得を用いている以上，概算経費額を用いて計算された所得についても担税力の指標として所得とするに合理的なものでなければならない。合理的といえないものについては，谷口裁判官の指摘するように「もはや所得の観念を容れないものと考えるべきであつて，所得の存しないところに対し所得税を課する結果となるのであり，およそ所得税賦課の基本理念に反する」との評価を受け，憲法29条に違反するものとして違憲と判断されることになろう。

　前述したように，こうした所得と観念できないものについても，政策的要請や政治的要請から課税することもあり得ないことではない。しかしその場合には，一定の場合の所得と観念し得ないものについて課税することにより得られる結果を求める目的の正当性，合理性が必要となるし，また，その目的を達成する手段として所得と観念し得ないものについて課税を求めるという手段の合理性が説明できなくてはならない。

　しかし，大嶋訴訟で問題となった給与所得控除については，このような制度を設けることについて，調整技術上の要請を超える政策的目的，政治的目的は想定できないし，何らかの目的が想定されたとしてその目的を達成する手段としても所得と観念し得ないものについて税負担を求める手段の正当性は説明できないであろう。所得と観念し得ないものが生ずる場合には実額で控除ができる制度を設けるなどの必要が検討されなければならなかったと考えるべきであろう。

Ⅶ　今回の研究会での報告

　税法の立法における立法裁量については，税法理論からの税制としての合理性の有無についての審査と政策目的，政治的目的からの税負担の軽減，加重の合理性の審査とに区別して考えるべきである。

　このことは，税法の立法においても税法理論上の正当性，合理性を確保した上での税制体系の構築と，政策的要請や政治的要請からの税負担の調整措置とは区別して検討されなければならないし，定めようとしている税負担がどのような性格を持つものかについて十分意識されなければならないということにつ

いて報告させていただいたつもりである。

　この両者の関係を説明するために，児童手当の支給と扶養控除の廃止と法人税における使途不明金課税を題材にさせていただいた。いずれも税法理論上の理論的整理と政策的要請が同一に取り扱われ税負担が定められた例として問題点を指摘することができる。この両者の問題点の詳細については，字数の制約もあり，本稿では触れず別の機会に指摘させていただきたいと考えている。

　本稿では，税法規定についての憲法上審査についても，違憲の判断基準については立法の広範な裁量を認めるとしても，その広範な裁量の合理性については，税法理論上の正当性，合理性，これは税の基本理念，基本原則からの正統性，合理性と言い換えることもできるが，この審査と，政策的要請，政治的要請からの税負担の軽減，加重の正当性，合理性の審査では審査基準の厳格性が異なると考えるべきであろうとの指摘にとどめたい。

Ⅱ　シンポジウム　第一部

わが国税制改革の課題

2018 年 12 月 22・23 日　第 30 回大会（於　大東文化大学）

1 わが国の所得税の現状と課題

伊 川 正 樹
（名城大学）

I　はじめに—社会状況の変化

　昨今の社会状況の変化はめまぐるしい。技術革新により仮想通貨[1]の取引が盛んになるとともに，交換事業者の管理体制など不正流出への対応としての規制が行われている。AI（人工知能）やシェアエコノミーの発達などは，われわれの生活を便利にする一方，さまざまな問題を引き起こしている。また，働き方やライフスタイルの多様化により，所得の稼得方法や「家族」の姿にも変化がみられる。

　こうした社会状況の変化に対し，所得税法上，どのような問題が生じているのだろうか。また，現行法はどのように対応しているのだろうか。これらについて，問題点を指摘し，対応策を検討してみたい。

II　技術革新等と雑所得の「拡大」

　まずは，技術革新や所得の稼得方法の多様化に伴い，取得した所得が，現行法上のいずれの所得類型にも該当せず，雑所得と判断された事案をみていこう。

1　職務発明に係る特許権の譲渡

　企業等の従業者が，その性質上，当該企業等の業務範囲に属し，かつ，その発明をするに至った行為がその企業等における現在または過去の職務に属する発明を「職務発明」というが（特許35条1項），当該従業者が，契約，勤務規則その他の定めにより職務発明について使用者等に特許を受ける権利を取得させる等の行為をした場合，「相当の利益」を受ける権利を有するものとされてい

63

る（特許 35 条 4 項）。

　この点について，旧特許法 35 条 3 項（平成 27 年法律第 55 号による改正前のもの）では，上記の場合，従業者は「相当の対価」の支払を受ける権利を有すると定めていた。同法の下で，A 社に勤務していた原告が，職務発明について受領した報償金が譲渡所得に該当するとして争ったが，第一審の大阪地裁平成 23 年 10 月 14 日判決（訟月 59 巻 4 号 1125 頁）および控訴審の大阪高裁平成 24 年 4 月 26 日判決（訟月 59 巻 4 号 1143 頁）は，いずれも次のように述べて，同報償金は譲渡所得には当たらず，雑所得に該当すると判断した。

　　「ある所得が譲渡所得に該当するためには，その所得が，『当該資産の増加益が所有者の支配を離れる機会に一挙に実現したもの』であること，すなわち，資産の所有権その他の権利が相手方に移転する機会に一時に実現した所得であることを要すると解するのが相当である。」

　　「本件職務発明に係る特許法 35 条 3 項の『相当の対価』については，出願報奨金として原告に支払われた 1000 円を除き，本件特許を受ける権利が承継された機会において所得が実現したということはできないから，本件職務発明に係る『相当の対価』として支払われた本件和解金についても，本件特許を受ける権利が承継された機会において所得が実現したということはできない」。

　　「したがって，本件和解金は，本件特許を受ける権利が A 社に移転する機会に一時に実現した所得ではないから，本件特許を受ける権利に係る譲渡所得には該当しない。」

　本判決は，「譲渡時に一挙に実現するもの」が譲渡所得であると解されることや，取得費の計算など現行法が譲渡所得として課税するしくみがとられていないことを理由に，本件報償金の譲渡所得該当性が否定されて雑所得に該当するとされている。すなわち，いずれの所得類型にも該当しないため，雑所得に当たるとの判断が示されている。

2　仮想通貨に係る所得区分

　仮想通貨とは，資金決済法 2 条 5 項において，次のように定義されている。

「物品を購入し，若しくは借り受け，又は役務の提供を受ける場合に，こ
れらの代価の弁済のために不特定の者に対して使用することができ，かつ，
不特定の者を相手方として購入及び売却を行うことができる財産的価値（電
子機器その他の物に電子的方法により記録されているものに限り，本邦通貨及び
外国通貨並びに通貨建資産を除く。……）であって，電子情報処理組織を用い
て移転することができるもの」（1号）

　「不特定の者を相手方として前号に掲げるものと相互に交換を行うことが
できる財産的価値であって，電子情報処理組織を用いて移転することができ
るもの」（2号）

　そして，仮想通貨の課税上の取扱いについては，タックスアンサー[2]および課
税情報[3]において，仮想通貨を売却または使用することにより生じる利益につい
ては，事業所得等の各種所得の基因となる行為に付随して生じる場合を除き，
原則として，雑所得に区分される旨が示されており，実務上はこれに沿った取
扱いがされることとなっている。

　資金決済法上，仮想通貨は「財産的価値」として位置づけられているにもか
かわらず，その売却または使用による所得が譲渡所得には当たらないと解され
る根拠として，資産性否定説および営利継続性肯定説が挙げられる[4]。すなわち，
資産性否定説とは，仮想通貨はキャピタル・ゲインを生まない資産であり，譲
渡所得の基因となる資産に該当しないと解するものであって，仮想通貨を金銭
債権とみる見解である。また，営利継続性肯定説とは，仮想通貨を売却または
使用することにより生じる所得は，譲渡所得から除外される「営利を目的とし
て継続的に行われる資産の譲渡による所得」（所法33条2項）に該当すると解
するものである。

　国会における議論によれば，国税庁は資産性否定説に立っているようである
が[5]，いずれの見解によるとしても，仮想通貨の売却または使用によって生じる
利益を雑所得として扱うという現行の取扱いは，譲渡所得に当たらないことを
根拠としている。

3 馬券の払戻金

従来，典型的な一時所得として扱われてきた馬券の払戻金について，自動購入ソフトやインターネットを介して網羅的に馬券を購入し，多額の利益を得た場合に，雑所得に該当すると判断するケースが登場している[6]。

これらの判決によれば，一時所得該当性の判断について，「営利を目的とする継続的行為から生じた所得であるか否かは，文理に照らし，行為の期間，回数，頻度その他の態様，利益発生の規模，期間その他の状況等の事情を総合考慮して判断する」ことと解されている。そして，一連の馬券の購入から得られた払戻金が「営利を目的とする継続的行為から生じた所得」に当たるといえる場合には，一時所得ではなく雑所得に該当すると判断されている。

一時所得の性質上，いわゆる除外要件，非継続要件および非対価要件のすべてを満たすことが必要となるため（所法34条1項），いずれかの要件が該当しない場合には雑所得に分類されることとなる。馬券の払戻金の所得分類が争われるケースでは，一時所得と雑所得のいずれに該当するかが争点となる場合には，上記の一時所得の三要件のいずれかが欠けている場合には雑所得に当たるという判断の構造となる。その意味では，一時所得を含めたいずれの所得類型にも当たらないため雑所得に該当するという経路をたどることになる[7]。

4 雑所得の必要経費

納税者がいったん納付した所得税について争い，取消訴訟によって過納金の還付および還付加算金を得た場合には，当該還付加算金は雑所得に該当すると解されている。かかる事案において，訴訟追行に要した弁護士費用は，雑所得（還付加算金）に係る必要経費に当たるかどうかが争われている[8]。

同判決では，次のように述べて，個別対応の必要経費（所法37条1項前段）該当性を否定している。

「原告が前訴判決に基づいて受けた直接の経済的利益は本件過納金の還付による経済的利益というべきであるから，前訴弁護士費用と直接の対応関係を有するのも本件過納金の還付による経済的利益というべきである。」

「還付加算金は，国税又は地方税の納付及びその納付金に係る還付金等の

発生など法定の還付加算要件が満たされる場合に，還付金等が発生する原因
にかかわらず，税務署長等が法律上当然に加算して支払わなければならない
金員として還付金等に加算されるものであるから，還付金等に対する一種の
利子としての性格を有するものと解される。」

「原告が本件還付加算金の支払を受けることとなったのは，原告が前訴判
決を受ける以前に上記 7321 万 5800 円の納付をしていたところ，前訴判決の
効力によって本件過納金が生じ，本件過納金の支払決定によりその還付を受
けることになったことなど法定の還付加算要件を満たしたことによるもので
あって，前訴判決の直接の効力によって本件還付加算金が生じたものではな
い。」

「本件還付加算金は，前訴弁護士費用や前訴判決との間に間接的な関連性
を有するということはできるものの，前訴弁護士費用と直接の対応関係を有
するものということはできないというべきである。」

また，一般対応の必要経費（所法 37 条 1 項後段）該当性についても，次のよ
うに判示して，これを否定している。

「本件還付加算金は，国税通則法 58 条 1 項及び地方税法 17 条の 4 第 1 項
により法律上当然に加算され支払われたものであって，前訴の提起及びその
訴訟追行が雑所得である本件還付加算金を生ずべき『業務』に該当するもの
ということはできず，他に雑所得である本件還付加算金を生ずべき『業務』
に該当するものがあるということもできない。」

この判決では，還付加算金が雑所得として課税対象になることを前提として，
訴訟追行に要した弁護士費用が必要経費に該当しないことの理由として，①判
決により納税者が受ける直接の利益は還付金の還付であること，②還付加算金
は法定の還付加算要件を満たすことによって当然に支払われる一種の利子であ
ることから，取消判決の直接の効果により得るものではないこと，③訴訟追行
行為は納税者にとっての「業務」に該当しないことが挙げられている。このう
ち，①と②によって個別対応の必要経費該当性が否定され，③の理由で一般対
応の必要経費該当性が否定されている。

5 課題の検討

以上の内容から，いくつかの問題を検討してみよう。

⑴ 雑所得の「拡大」

周知のとおり，雑所得とは，利子所得ないし一時所得のいずれにも該当しない所得であり（所法35条1項），包括的所得概念の根拠として位置づけられる。[9]このような雑所得のバスケット・カテゴリーとしての性格から，雑所得に該当する利得のすべてに共通する性質を見出すことはできない。[10]したがって，「いずれにも該当しないので雑所得に当たる」という解釈は，現行法のしくみから当然であるといえ，また雑所得以外の所得の要件を厳格に解釈した結果として，「いずれにも当たらない所得」としての雑所得該当性が導かれていること自体は，租税法律主義に照らして妥当なものであるといえるだろう。

かかる帰結は，雑所得の「受け皿」的性格の宿命ともいえるが，さまざまな所得が雑所得に該当すると判断される状況は，雑所得が「拡大」しているようにもみえる。もっとも，仮に雑所得が「拡大」しているとすれば，それは所得概念自体の拡大や，雑所得以外の所得類型の範囲の縮小を意味することになる。包括的所得概念の下で所得概念自体が拡大しているということはいえないものの，各種所得の要件を厳格に解釈した結果，雑所得以外の所得類型の守備範囲が狭く解され，結果として雑所得と判断される所得が増えているという評価をすることはできるかもしれない。この点は評価が分かれるため，実際に雑所得が「拡大」していると断定することはできないが，他の所得類型との対比により結果的に雑所得と判断されるケースが増加している状況をもって，本稿では雑所得の「拡大」と表現する。

このような傾向が生じている原因は，現行所得税法における各種所得の守備範囲と実社会で発生する所得とが乖離していることにより，「いずれにも当たらない所得」という消極的な理由によって雑所得に該当すると判断されている点に見出すことができる。かかる傾向は，所得税法が本来想定しているものではないと考えられる。すなわち，所得類型ごとに要件が定められ，そのいずれにも当たらない類型として雑所得が置かれているというのが現行所得税法の構造であるため，このような状況は，社会の変化により現行法が制定された当初

には想定されていなかったような経済活動が登場したことによるものといえるだろう。そこで，かかる状況にいかに対応すべきかが問題となる[11]。

　解釈論による対応を考えれば，例えば前記1の特許権の譲渡の対価としての報償金の事例については，譲渡所得の意義の解釈によっては，当該所得を譲渡所得として課税することも可能であるかもしれない[12]。あるいは，社内規則等に基づいて支給される金員という性格から給与所得とみる余地もあろう[13]。また，前記2の仮想通貨についても，その性質が決済手段なのか資産なのかという点を再検討することにより，譲渡所得該当性について検討の余地はあるだろう。すなわち，前記の資産性否定説は，仮想通貨を金銭債権とみる見解である。仮想通貨の決済手段という性質を重視すればこのような見解になるが，資産的価値に着目すれば別の見方ができる。また，営利継続性肯定説における「継続性」の程度のとらえ方によっては，かかる見解が否定される余地もある。

　こうした個別の問題の検討の積み重ねにより，各種所得の守備範囲を再考することで，雑所得の「拡大」を防ぐことができるかもしれない[14]。しかしながら，解釈による解決の道を推し進めたとしても，現行法が定める各種所得の要件には限界があり，解釈による雑所得の「拡大」傾向を防ごうとすれば，立法による解決が必要である。

　立法論としては，現行の10種類の所得区分を簡素化する方向性が考えられる。かかる方向性についてはさまざまな議論があるが[15]，雑所得の「拡大」を問題視する立場からすれば，重要なのは雑所得以外の所得類型の要件の定め方である。すなわち，現在，雑所得の「拡大」が生じている原因は，所得税法上の所得類型の要件と現実に発生する所得の多様化とのズレにあるため，立法によってこれを解決しようとすれば，実態に合った要件を定めた上で，そこから漏れる所得を受け皿として「雑所得」という類型で課税対象とするという建てつけにすべきである。つまり，雑所得を「どれにも当てはまらない所得」という例外的なカテゴリーとして機能させることが現行所得税法の構造に適合するのであり，そのような方向で他の所得類型の定義を実態に即したものにすべきである。そのためには，現行の所得類型を再編成するなどの方法も考えられるが，多様化する現代の経済活動を前提とすれば個別の所得をカテゴライズすることは困難

であろうし，より細分化することは税制を複雑化してしまうことにつながる。そこで，基本的には所得区分を簡素化する方向で立法的措置を講ずるべきであろう。

(2) 雑所得において必要経費として控除が認められる支出の範囲

雑所得が「拡大」することが問題であるとして検討を進めてきたが，ここで改めて雑所得の「拡大」により生じる具体的な問題を検討してみたい。

ある所得が雑所得（公的年金以外のもの）に該当する場合，総収入金額から必要経費を控除して所得金額を算定する（所法35条2項2号）。そして，必要経費とは所得税法37条1項において，不動産所得，事業所得および雑所得（公的年金以外のもの）の金額の計算上，控除が認められるものとして，いわゆる個別対応および一般対応の必要経費が定められている[16]。ここで注意を要するのは，不動産所得，事業所得および雑所得という性質の異なる所得類型に共通して認められる控除として必要経費が定められており，その要件も同一であるということである。そのため，「事業」の規模に至らない程度の所得稼得活動をも含んでいることから，必要経費の具体的内容も，それぞれの態様に応じて考えなければならず，家事費的な支出を除外する必要性があることが指摘されている[17]。

ところで，前記4の事案では，還付加算金が雑所得として課税されることについて，更正処分取消訴訟の追行のための弁護士費用が必要経費に当たるかどうかが争われたものであるが，判決が一般対応の必要経費該当性を否定する理由として，「訴訟追行が雑所得である本件還付加算金を生ずべき『業務』に該当するものということはできず，他に雑所得である本件還付加算金を生ずべき『業務』に該当するものがあるということもできない。」と判示している。すなわち，本件における納税者は雑所得を得たことにより課税されるものの，「業務」に該当する行為が存在しないため，必要経費として控除すべきものはないと判示しているのである。

所得税法上，必要経費の控除が認められる根拠として純所得課税の原則が挙げられる[18]。すなわち，所得を得るために必要な支出が控除されたものが純所得であり，それが課税対象とされる，言い換えれば，所得税法上，所得を得るために必要な支出は控除されなければならないことを意味する。そのため，雑所

得についてもこの原則が妥当し，雑所得を得るために必要な支出は必要経費として控除されることとされているのである。そして，一般対応の必要経費については，「業務について生じた費用」が要件とされていることから，雑所得を得るための「業務」とは何かという点が検討されなければならない。しかし，上記判決はその内容を明らかにせず，単に還付加算金が還付金を得ることを前提として国税通則法の規定に従って当然に支払われる一種の利子としての性質であることを根拠として，訴訟追行行為が「業務」には当たらないと判断している。

判決では明らかにされていないが，同判決が想定する「業務」とは，「事業」の規模に至らない所得稼得活動，すなわち副業を意味すると推測される。確かに一般的な雑所得にはそのようなものが含まれるが（原稿料，講演料など），雑所得とは「いずれにも当たらない所得の雑多な寄せ集め」である。そのため，いずれかの所得類型に近いものの，いずれの要件にも該当しないものが雑所得の多くを占めていることになる。雑所得自体に共通の性質を見出すことが困難であることから，「業務」の意義に共通性を見出すこともまた困難である。そのため，雑所得に係る必要経費のとらえ方によって，必要経費の範囲および「業務」の範囲が異なることになる。

現行所得税法の昭和40年全文改正に先立って出された税制調査会の「所得税法及び法人税法の整備に関する答申」（昭和38年12月6日）によれば，「費用収益対応の考え方のもとに経費を控除するに当たって，所得の基因となる事業等に関係はあるが所得の形成に直接寄与していない経費又は損失の取扱いをいかにすべきかという問題については，純資産増加説的な考え方に立って，できるだけ広くこの種の経費又は損失を所得計算上考慮すべしとする考え方」を採り入れる方向で整備を図ることが望ましいとされている。これに従えば，雑所得に係る「業務」の範囲は，「雑所得を得るための行為全般」と広く解することになる。このように解することにより，雑所得に必要経費が認められることとなり，所得税法の規定および純所得課税の原則に適う結果となるであろう。

なお，本件で争われている還付加算金は，法律の要件を満たすことで当然に支払われる一種の利子という性質があることから利子所得に類似するものの，

利子所得の要件（所法23条1項）には該当しないために雑所得に分類されている。しかし，結果として国が税を不当利得していたことに対する遅延損害金という性質も有するため，一時所得に該当すると解する余地もある。[19][20]

Ⅲ　多様化する「家族」への対応

1　現行法上の「家族」に対する考慮

　周知のとおり，わが国の所得税法は，課税単位として個人単位主義を採用している。[21]他方で，「配偶者その他の親族」を要件とする規定や[22]「事実上婚姻関係と同様の事情にある者」を要件とする規定が存在する。[23]このようなしくみは，所得は個人に帰属し，一定の目的や配慮に基づき，家族等の存在を考慮するための追加的計算過程が設けられていると理解することができる。[24]

　こうした現行法のしくみを前提とすれば，課税単位を個人としても，夫婦または家族としても，追加的計算過程を課税標準の計算や税率に適宜配置することにより，同じような納税義務の金額を算定できることから，従来の個人単位か夫婦（家族）単位か，という狭い意味で課税単位をとらえるのではなく，「純粋な個人単位主義または家族単位主義に付加された追加的計算過程がどのように仕組まれているか（いないか）」という観点に立った「広義の課税単位論」[25]という視点に立って，家族の多様化に対する税制上の対応を検討すべきと考えられる。

　新たな具体的な問題としては，事実婚（同性婚を含む）への対応や，わが国では認められていないものの外国で正式に認められた複数の配偶者に配偶者控除が認められるか，などが想定される。これらについては，わが国の民法上，「配偶者」や「親族」をどのように定義するかによるところが大きい。税制としては，民法上の定義を前提としつつ，その範囲に含まれる「配偶者」や「親族」に対して控除などの追加的計算過程を設けるという広義の課税単位論から検討[26]すべきであろう。

2 所得控除のあり方

(1) シングル・マザー／ファーザーへの対応

　家族の多様化を表す現象として，シングル・マザー／ファーザー[27]の増加が挙げられる[28]。所得税法上，かかる世帯を対象としたものとして，寡婦控除および寡夫控除がある（所法 81 条）。両控除の要件に若干の差異があることは以前から指摘されており，その要件の統一が議論されていたが，さらに両控除ともに，かつて法律婚の状態であったことを前提としており，婚姻歴のないひとり親には適用されないことが問題視されていた[29]。

　これを受けて，平成 31 年度税制改正に関して議論が行われたものの，同大綱では，個人住民税の非課税措置の対象へ事実婚が追加されたにとどまり（平成 33 年度分以降の個人住民税から適用），国税たる所得税は改正が行われなかった。この改正は不十分であると考えられるが，多様化した個々の「家族」の生活実態に対応すべく，この問題への対応が求められる[30]。

(2) 新たな控除の可能性

　そのほか，「家族」の姿の多様化への対応として，控除制度の新設も検討課題である。たとえば，共働き世帯のニーズに対応するものとしてベビー・シッ

図　寡婦控除と寡夫控除の概要（網掛け部分は，要件が同一である部分）

	寡　婦（2 条 1 項 30 号）		寡　夫 （2 条 1 項 31 号）
	一　般	特別（措法 41 条の 17）	
要件	イ　夫と死別し，もしくは夫と離婚した後婚姻をしていない者等 ＋ 扶養親族その他生計を一にする子（合計所得金額 38 万円以下）を有する者 ロ　夫と死別した後婚姻をしていない者等 ＋ 合計所得金額 500 万円以下の者	左記のイに該当する者 ＋ 合計所得金額 500 万円以下の者	妻と死別し，もしくは妻と離婚した後婚姻していない者等 ＋ 生計を一にする子（合計所得金額 38 万円以下）を有する者 ＋ 自身の合計所得金額 500 万円以下
控除額	27 万円	35 万円	27 万円

ター控除[31]や，ペットを「家族」の一員としてとらえる家庭に対するペット医療
費控除なども考えられる。これらの提案は，現行法のしくみや理論の変更[32]を伴
うものであり，執行上の課題をクリアする必要もある。しかし，現代社会のニ
ーズに対応した制度構築を模索するのであれば，そのような問題を解決すべく
立法上の対応を行うべきであろう。

　別の方向性として，個別の控除項目による対応を多様化するのではなく，個
人の生存に関連する控除を一括し，控除額を拡大するという方向の対応もあり
得る。具体的には，アメリカにおける項目別控除（itemized deduction）から標
準控除（standard deduction）への転換という方向性である。むしろこの方が，
多様な社会の変化に柔軟に対応できるというメリットがあるであろう。

　また，現行の所得控除方式から，所得再分配機能を重視して税額控除化（そ
れに給付を組み合わせた給付付き税額控除[33]）への転換や，ゼロ税率の導入など
も選択肢として検討すべきである[34]。

Ⅳ　国境を越える移転の容易化と源泉徴収義務

　交通網の発達により，国境を越える移転が容易となり，「住所」を基準とし
て居住者・非居住者の区別を前提とした納税義務者のあり方が問われる例が散
見される[35]。かかる事案は申告納税方式に関するものが中心であるが，このほど，
非居住者に対する源泉徴収義務が問題とされた事案が登場した。

　原告は売買によって不動産を取得した法人であり，所得税法212条の規定に
より，当該売主が非居住者であれば源泉徴収義務を負うことになるが，当該売
買の交渉過程において売主が居住者であるのか非居住者であるのかの判断が困
難であり，結論的に居住者であると判断して源泉徴収を行わなかったところ，
所轄税務署長から同売主は非居住者に当たるとして，納税告知処分が課された
ものである[36]。

　同判決は，買主たる原告は，当該売主が非居住者であったかどうかについて
注意義務を負っており，本件において原告はその義務を尽くしたとはいえない
として，源泉徴収義務の存在を認めている。同判決の判断の是非はともかく[37]，
一般論として，源泉徴収義務者が注意義務を尽くしたにもかかわらず，支払の

相手方が非居住者か否かが判明しない場合でも，源泉徴収義務は免除されないのかという疑問が生じる。そもそも源泉徴収制度が確実な税の徴収の確保を目的とした徴収の便宜に基づく措置であることに鑑みれば，このような不確実な場面にまで源泉徴収義務を及ぼすことは，制度趣旨に反することから適切ではないというべきである。[38)]

さらにいえば，納税義務の範囲を「住所」という実態に基づく判断にかからしめている点の是非も問われなければならない。移転が容易になっている現状を踏まえると，「生活の本拠」を実質的に判断するのが困難なケースは今後も現れてくると予想されるが，少なくとも不納付加算税を前提とした源泉徴収制度の有無については，こうした状況は立法によって改められるべきである。

V　おわりに

社会の変化に税制がどのように対応すべきかは，国民の経済生活に大きな影響を与える問題である。根本的には立法的な解決が望ましいが，可能な限り解釈論による解決の道も探る必要がある。

本稿で検討した，いわゆる雑所得の「拡大」に対しては，他の所得類型の要件の解釈によって一定程度の解決が図られる可能性がある。また，雑所得の金額の計算上，控除される必要経費をめぐっては「業務」の意義を「雑所得を得るための行為全般」と広く解釈することで，純所得課税の原則に沿った解決が得られるであろう。

「家族」の多様化については，税法のみならず民法等による解決を待たなければならない点が大きい。民法改正によらず税法独自の解決の道を探る場合，これまで「家族」とは扱われていない対象を「家族」と同様の扱いをすることになるため，その理論的根拠が必要になると同時に，執行面も考慮しなければならないこととなる。

また，頻繁な国外移転を想定せずに組み立てられている現行制度とは明らかに異なる状況が生じている今日では，「住所」を基礎とする納税義務の定め方が問われているといえよう。これに代わる新たな判断基準を定めることも視野に入れつつ，少なくとも実務上影響の大きい源泉徴収制度については，早急な

立法的解決が望まれる。

このほか，本稿では取り上げなかったが，シェアリングエコノミーに対する課税のあり方など[39]，立法的対応も含めて解決すべき新たな問題は多く存在する。

注

1) 令和元年 5 月 31 日に資金決済法および金融商品取引法が改正され，法律上の呼称が「暗号資産」に変更されることとなった（令和 2 年 4 月施行予定）が，本稿では従来の呼称である「仮想通貨」という表現を用いることにする。

2) タックスアンサー No.1524（ビットコインを使用することにより利益が生じた場合の課税関係），No.1525（仮想通貨交換業者から仮想通貨に代えて金銭の補償を受けた場合）。

3) 国税庁課税部個人課税課情報第 4 号「仮想通貨に関する所得の計算方法等について（情報）」（平成 29 年 12 月 1 日）。

4) 泉絢也「仮装通貨の譲渡（売却又は使用）と所得税法上の所得区分」税務事例 50 巻 10 号 13 頁（2018 年）。

5) それに対する批判として，泉・前掲注 4）20 頁以下。

6) 最判平成 27 年 3 月 10 日刑集 69 巻 2 号 434 頁，最判平成 29 年 12 月 15 日民集 71 巻 10 号 2235 頁。

7) 馬券の払戻金が事業所得に当たるか否かが争われるケース（例えば，東京高判平成 29 年 9 月 28 日 TAINS Z888-2160）では，馬券購入行為の「事業」該当性が中心的に問題とされるが，このことは，裏を返せば一時所得該当性要件の除外要件該当性が争われていることになる。かかる事案では，事業所得に該当せず，一時所得の要件を満たすため一時所得に当たるとの認定が行われているが，一時所得の要件のいずれかを満たさないケースであれば，雑所得に該当するとの判断が示される可能性はあることになる。

8) 東京地判平成 28 年 11 月 29 日 TAINS Z266-12940（第一審），東京高判平成 29 年 12 月 6 日 TAINS Z888-2181（控訴審）。評釈として，首藤重幸「判批」新・判例解説 Watch23 号 233 頁（2018 年），馬場陽「判批」税法学 580 号 103 頁（2018 年）。

9) 金子宏『租税法（第 23 版）』196 頁（弘文堂，2019 年），水野忠恒『大系租税法（第 2 版）』153 頁（中央経済社，2018 年）等。

10) 谷口勢津夫『税法基本講義（第 6 版）』197 頁，313 頁（弘文堂，2018 年）。

11) ここでは，いわゆる雑所得の「拡大」は，所得税法の想定している状況ではないという点から，改善の必要性があるとして検討するものである。より実務的には，損益通算の制限（所法 69 条 2 項）や青色申告特別控除の適用（措法 25 条の 2）などとの関係で問題となるが，下記(2)で示す問題を含めて，こうした傾向への対応が必要であるとの問題意識から検討を行う。

12) 同判決に対する批判として，拙稿「譲渡所得における実現の意義と譲渡所得の性質」名城法学 62 巻 2 号 1 頁（2012 年）。

13) 元氏成保「職務発明に関して従業者等が使用者等から受け取る金員の所得区分」『行政と国民の権利（水野武夫先生古稀記念論文集）』508 頁（法律文化社，2011 年）。

14) 前記 3 の馬券の払戻金では，一時所得の要件該当性が争われ，従来よりも一時所得に

1 わが国の所得税の現状と課題

関する解釈が発展している。もっとも，この種の事案では，一時所得該当性が中心的な争点となっているが（事業所得該当性が問題となるケースでも，事業該当性が否定されるとともに一時所得該当性が問題とされる），馬券の払戻金という所得の本来的な性質によるものであり，雑所得と判断される利得は例外的なものと位置づけられるため，雑所得の「拡大」傾向とは異なるものとみることができる。ただし，従来，議論の対象とされてこなかった一時所得の性質について焦点が当てられたという意味で，新たな議論が展開されたものとして位置づけることができる。

15) 二元的所得税については，P・B・ソレンセン編著＝馬場義久監訳『北欧諸国の租税政策』（日本証券経済研究所，2001 年）等参照。また，簡素化の方向性を検討するものとして，酒井克彦「所得税法上の所得区分の在り方」税法学 579 号 207 頁（2018 年）。

16) 同条 2 項では山林所得についても定めているが，1 項所定の必要経費とは要件が異なるため，ここでは省略する。

17) 武田昌輔監修『DHC コンメンタール所得税法 2 - 2 巻』3297 頁（第一法規，web 版）。

18) 谷口・前掲注 10) 324 頁，奥谷健『市場所得と応能負担原則―応能負担原則の二元的構正―』127 頁以下（成文堂，2018 年）［初出 2016 年］。

19) このように解する裁判例として，東京高判平成 21 年 7 月 15 日 TAINS Z999-8229。

20) 法定の要件を満たすと当然に支払われるのであれば，対価性はなく，継続的行為から得られるものでもない。もっとも，一時所得に該当すると判断された場合でも，弁護士費用を「一時所得を得るために直接要した金額」に当たるとして控除を認めることは困難であろう。

21) 最大判昭和 36 年 9 月 6 日民集 15 巻 8 号 2047 頁参照。

22) 医療費控除，配偶者控除，配偶者特別控除，扶養控除，親族が事業に従事したことにより受ける対価の取扱い（所法 56 条，57 条）等がある。

23) 学資に充てるため給付される金品の非課税の制限（所法 9 条 1 項 15 号，所令 29 条 1 項 3 号）や同族関係者の範囲（所法 157 条 1 項 1 号，所令 275 条 2 号）がある。

24) 岡村忠生「所得税と家族―課税単位および配偶者控除を中心として―」『所得税の基本的諸問題』（日税研論集 74 号）33 頁，44 頁（2018 年）。

25) 岡村・前掲注 24) 45 〜 46 頁。

26) 現行の所得控除制度か，税額控除や給付制度等を選択すべきかは，別途検討の余地がある。

27) 「シングル・マザー」とは，「母子世帯」（未婚，死別又は離別の母と，その未婚の 20 歳未満の子のみから成る一般世帯）および母子とその祖父母が同居している一般世帯などが含まれると定義されている。西文彦「シングル・マザーの最近の状況（2015 年）」総務省統計研究研修所（http://www.stat.go.jp/training/2kenkyu/pdf/zuhyou/single5.pdf）［最終閲覧日 2019 年 5 月 31 日］。また，シングル・ファーザーについても同様の定義がされている。西文彦「シングル・ファーザーの最近の状況（2010 年）」総務省統計研究研修所（http://www.stat.go.jp/training/2kenkyu/pdf/zuhyou/singlef2.pdf）［最終閲覧日 2019 年 5 月 31 日］。

28) 厚生労働省の調査によれば，平成 28 年度の母子家庭は 123.2 万世帯，父子家庭は 18.7 万世帯とされている。厚生労働省「平成 28 年度 全国ひとり親世帯等調査結果報告」

(https://www.mhlw.go.jp/file/04-Houdouhappyou-11923000-Kodomokateikyoku-Kateifukishika/0000190325.pdf)［最終閲覧日 2019 年 5 月 31 日］。

29) 日本弁護士連合会「『寡婦控除』規定の改正を求める意見書」(2014 年)。

30) もっとも，その方法として，所得控除たる寡婦／寡夫控除が適切かどうかは別途検討を要する。

31) 2017 年度税制改正への厚生労働省と内閣府の共同提案として紹介されている（日本経済新聞 2016 年 8 月 24 日朝刊 1 面）。

32) ベビー・シッター控除の場合，適用要件として，夫婦が共働きをしていることに加えて同居の親族の有無や，合計所得金額の設定などが想起される。またペット医療費控除の場合，「ペット」という概念の定義およびペットに係る医療費を所得控除として認める根拠などが問題となるであろう。

33) 政府税制調査会「経済社会の構造変化を踏まえた税制のあり方に関する中間報告②」10 ～ 11 頁（www.cao.go.jp/zei-cho/shimon/29zen16kai6.pdf）［最終閲覧日 2019 年 5 月 31 日］。

34) 拙稿「所得課税と再分配—基本原理からの検討—」租税法研究 44 号 19 頁（2016 年），30 ～ 31 頁。これに対して，担税力および所得の意義に基づいて，基礎控除を所得控除とすべきと主張するものとして，奥谷・前掲注 18) 163 頁以下［初出 2004 年］。

35) 贈与税の納税義務に関する最判平成 23 年 2 月 18 日判時 2111 号 3 頁（武富士事件），所得税の納税義務に関する東京高判平成 20 年 2 月 28 日判タ 1278 号 163 頁（ユニマット事件）など。

36) 東京地判平成 28 年 5 月 19 日 TAINS Z888-2035（第一審），東京高判平成 28 年 12 月 1 日 TAINS Z888-2109（控訴審）。

37) 同判決を批判するものとして，木山泰嗣「不納付加算税を賦課すべきでない『正当な理由』の解釈—源泉徴収制度の特殊性からみた異質説の提唱」青山ローフォーラム 7 巻 2 号 123 頁（2019 年）。

38) 最判昭和 37 年 2 月 28 日刑集 16 巻 2 号 212 頁参照。

39) 森信茂樹「シェアリングエコノミー・ギグエコノミーの発達と税制の課題」税研 203 号 15 頁（2019 年）。

2 法人税法22条の2の検討

――『収益認識基準に関する会計基準』の公表と『法人税法22条の2』の新設――

長 島 弘
（立正大学法学部教授）

はじめに

今年の3月30日に企業会計基準委員会から，企業会計基準第29号「収益認識に関する会計基準」等（以下「収益認識会計基準」という。）が公表された。そしてそれを受ける形で，この30年度税制改正により，法人税法22条の2が新設された。

収益認識会計基準は，令和3年4月1日以後開始する事業年度から適用される（81項）が，早期適用として，平成30年4月1日以後開始する事業年度から（82項），又は平成30年12月31日終了から同31年3月30日までに終了する事業年度の適用も可能とされている（83項）。

また改正法人税法は平成30年4月1日より施行されているが，法人税法22条の2（以下「法22条の2」とする。）については，令和2年4月1日より施行されることとされている（平成30年法人税法改正附則1条7号イ[1]）。この法22条の2に関しては，条文を子細に検討するなら，法令解釈上様々な問題点が存在する[2]。そこで本稿では，この点を明らかにする。

I 収益認識基準に関する会計基準の概要

1 収益認識基準公表の経緯

これまで我が国においては，企業会計原則損益計算書原則三，B[3]に基づき，実現主義によることとされているが，「ソフトウェア取引の収益の会計処理に関する実務上の取扱い」及び「工事契約に関する会計基準」といった特定の領域に関する収益認識を取り扱った基準は存在するものの，収益認識の会計処理

全般を取り扱っている基準は存在していない。また，上記企業会計原則において
ても，実現主義を定めてはいるが，それのみで，その具体的な定義や考え方は
示されていない。こうしたなか，実務上は，個々の販売取引の実質に加え，各
業界における慣行及び税法を考慮した上で，各企業がその取引が実現したと考
える時点（財貨の移転又は役務の提供の完了とそれに対する対価の成立時点）を判
断している。よって，収益認識に関する会計処理は各企業及びその企業が属す
る業界により異なっているものとされている。[4]

　このような中，国際会計基準審議会（以下「IASB」という。）及び米国財務会
計基準審議会（以下「FASB」という。）は，共同して収益認識に関する包括的な
会計基準の開発を行い，平成 26 年 5 月に「顧客との契約から生じる収益」
（IASB においては IFRS 第 15 号，FASB においては Topic606）を公表した。そし
てこの基準の適用後は，国際会計基準と米国会計基準により作成される財務諸
表における収益の額は当該基準により報告されることとなるとされ，それに引
き続き，我が国においても，企業会計基準委員会より収益認識会計基準が公表
された。[5]

　そしてこの開発の方針は，(1) IFRS 第 15 号の定めを基本的にすべて取り入
れる，(2)適用上の課題に対応するために代替的な取扱いを追加的に定める，の
2 点であり，[6]その結果，収益認識会計基準では，「本会計基準の基本となる原
則は，約束した財又はサービスの顧客への移転を当該財又はサービスと交換に
企業が権利を得ると見込む対価の額で描写するように，収益を認識することで
ある。」（16 項）とし，この基本となる原則に従って収益を認識するために，次
項で示す(1)から(5)のステップを適用することとしている。なお，この収益認識
の基本的な考え方やステップは，上記 IFRS 第 15 号と同様の内容になってい
る。

2　収益認識基準の基本的内容

　上記したように，以下の 5 つのステップにより，収益を識別するよう求めら
れている。

80

収益認識の 5 つのステップ
(1) 顧客との契約を識別する。
(2) 契約における履行義務を識別する（第 32 項から第 34 項参照）。
(3) 取引価格を算定する。
(4) 契約における履行義務に取引価格を配分する。
(5) 履行義務を充足した時に又は充足するにつれて収益を認識する。

II　会社法及び金融商品取引法における収益認識基準の位置づけ

1　金融商品取引法における収益認識基準の位置づけ

この収益認識基準 1 項に，「本会計基準は，…収益に関する会計処理及び開示について定めることを目的とする。本会計基準の範囲に定める収益に関する会計処理については，「企業会計原則」に定めがあるが，本会計基準が優先して適用される」と規定されているように，企業会計原則のいわば特別法として[7]位置づけられている。

なお，財務諸表等規則及び連結財務諸表規則 1 条 1 項において「この規則において定めのない事項については，一般に公正妥当と認められる企業会計の基準に従うものとする」としているところ，企業会計原則は，財務諸表等規則及び連結財務諸表規則 1 条 2 項において「前項に規定する一般に公正妥当と認められる企業会計の基準に該当するもの」とされている。また収益認識基準は，[8]金融庁長官の指定（金融庁告示平成 21 年 70 号及び 69 号（最終改正平成 30 年 20 号）を介して，「一般に公正妥当な企業会計の基準として認められることが見込まれるものとして金融庁長官が定めるものは，第一項に規定する一般に公正妥当と認められる企業会計の基準に該当するもの」とされている。従って収益認識基準は，金融商品取引法上，「一般に公正妥当と認められる企業会計の基準」と位置づけられていることになる。

2　会社法における収益認識基準の位置づけ

会社法 431 条において「株式会社の会計は，一般に公正妥当と認められる企業会計の慣行に従うものとする。」と規定されているが，新しい基準の「一般

に公正妥当と認められる企業会計の慣行」該当性が問われることになる。

　この点の是正を企図したものとして，会社計算規則3条がある。この会社計算規則は会社法432条の委任を受けて作成された法務省令であるが，その3条では「一般に公正妥当と認められる企業会計の基準その他の企業会計の慣行をしん酌しなければならない」と規定した中で，「一般に公正妥当と認められる企業会計の基準」その他の「（一般に公正妥当と認められる）企業会計の慣行」と「その他の」で前後を結ぶことにより，「一般に公正妥当と認められる企業会計の基準」が「企業会計の慣行」の例示であることを示している。即ち，会社法においては，新たな「一般に公正妥当と認められる企業会計の基準」も一般に公正妥当と認められる会計慣行に該当することとされているのである。もっともこの点，法務省令で，法律に規定されている「慣行」の概念を変更し得るかが問題となる。税法においては，憲法30条及び84条に基礎を置く租税法律主義の点から，包括的委任による委任命令において，このような変更をなし得ないことは当然である。しかし，私法領域に属する会社法においては，このような制約はないのであるから，この点は問題ないと思われる。

　もっともこのような省令の文言だけを根拠に新たな基準に慣行性を認められるべきではないという反論もあり得よう。しかし会社計算規則3条制定前においても，新たな会計基準を慣行と認めることができなければ，慣行となるまでの期間は会社法違反（会社法制定前は商法違反）となることを覚悟しなければ誰もその基準を採りえないという不都合が生じることになる。そこで，長銀事件の民事裁判である東京地裁平成17年5月19日判決や三洋電気違法配当損害賠償事件の大阪地裁平成24年9月28日判決において，ある会計基準の指示する特定の会計処理方法が，その基準時点とされる時点以後，ある業種の「商人の実務において広く反復継続して実施されることがほぼ確実であると認められるときには，例外的にその会計処理方法が同条項にいう「会計慣行」に該当する場合があると解される」と判示している。

　従って，新しい基準であっても，会社法431条にいう「一般に公正妥当と認められる企業会計の慣行」に該当するものといえよう。

Ⅲ　新法人税法の規定内容

1　法22条4項の改正

①　法22条4項の改正文言

　今般改正において，法人税法22条の2が新設されたが，それに伴い法22条
4項（以下「公正処理基準」といい，特に改正後のものを指す場合には「改正後公正
処理基準」という。）も従来の「第2項に規定する当該事業年度の収益の額及び
前項各号に掲げる額は，一般に公正妥当と認められる会計処理の基準に従って
計算されるものとする。」から「第二項に規定する当該事業年度の収益の額及
び前項各号に掲げる額は，別段の定めがあるものを除き，一般に公正妥当と認
められる会計処理の基準に従って計算されるものとする。」と「別段の定めが
あるものを除き」が挿入されている。なお，この改正分は，上記改正附則1条
7号イには挙げられていないため，法22条の2と異なり，既に施行されてい
るものである。

　この公正処理基準の役割を，どう見るかにより，改正の意味が異なってくる。
そこで次に，公正処理基準位置づけについて確認する。

②　法人税法22条における公正処理基準の位置づけ

　まずは，これまで検討されてきていることではあるが，改めて条文について
確認したい。法人税法第22条においては，まず第1項において，所得の金額
について「当該事業年度の益金の額から当該事業年度の損金の額を控除した金
額」と規定し，第2項において益金の金額を定める規定を，第3項において損
金の金額を定める規定をおき，第4項においては，「第2項に規定する当該事
業年度の収益の額及び前項各号に掲げる額は，一般に公正妥当と認められる会
計処理の基準に従って計算されるものとする」と規定している。

　これは法人税法上の所得金額の計算の基準を，法人税法ではなく企業会計
（又は法人税法上の公正性という価値基準に基づく企業会計）に求めているのであ
ろうか。それとも，法人税法上の所得金額の計算にあたっての益金と損金につ
いて，同条第2項と第3項が基準となるが，それを補充するものとして第4項
があると考えるべきであろうか。

この２項においては，「別段の定めがあるものを除き，資産の販売，有償又は無償による資産の譲渡又は役務の提供，無償による資産の譲受けその他の取引で資本等取引以外のものに係る当該事業年度の収益の額」と規定し，第３項においては「別段の定めがあるものを除き，次に掲げる額」として「売上原価，完成工事原価その他これらに準ずる原価の額」と「販売費，一般管理費その他の費用（償却費以外の費用で当該事業年度終了の日までに債務の確定しないものを除く。）の額」「損失の額で資本等取引以外の取引に係るもの」と規定しており，税法として益金及び損金について，４項適用以前の判断基準を明らかにしている。

　特に益金に関しては，「無償による資産の譲渡又は役務の提供」や「無償による資産の譲受け」が規定されているが，これらに関しては会計上，明確な会計基準や会計慣行を持たないものである。そうである以上，第４項においてこの益金及び損金について「一般に公正妥当と認められる会計処理の基準に従って計算されるものとする」と規定してはいるが，これは第２項第３項を補充するものとしか読めないであろう。もっともこの『ものとする』をどう読むかが問題となる。この「とする」は，「ＡはＢとする」というように，あるものを他のものに見なす場合に使われることがある。しかし「ものとする」はまた別であり，①一定の義務付けを「しなければならない」より弱いニュアンスをもたせて規定する場合，②物事の原則を示そうとする場合，③解釈上の疑義を避けるために当然のことを念のため規定するものであることを表そうとする場合，④ある事項に関する規定を他の類似する事項について当てはめる場合に使われるとされている。上記の見なす場合というのは，この④の場合ということになる。

　では公正処理基準は，上記①〜④のいずれと解すべきであろうか。もしこれが④であるならば，２項及び３項の規定内容が，「一般に公正妥当と認められる会計処理の基準」に事実上とって代わられることになることを認めることになるが，租税法律主義からはそれはありえないものといえよう。

　では①から③のいずれであるかであるが，この点，検討するに当たり，他の法令における会計基準と法令の関係を規定した条文を見てみると，会社法や財

務諸表等規則でも同様の文言によっていることが見て取れる。会社法431条は「株式会社の会計は，一般に公正妥当と認められる企業会計の慣行に従うものとする。」と，財務諸表等規則1条1項は「…この規則において定めのない事項については，一般に公正妥当と認められる企業会計の基準に従うものとする。」と規定されている。「計算されるものとする」と「従うものとする」の相違はあるが，いずれも「ものとする」を用いている。

　これらの規定が確認規定であるか創設的規定であるかにより，③の意味があるかは議論の余地があるが，計算の原則を示した上で義務を課しているものという点で，いずれも①と②の内容を有した用法と見るべきであろう。よって，これはやはり，2項と3項の内容を補充するものとして，「一般に公正妥当と認められる会計処理の基準」に依ることを定めた規定ということになろう（これが42年改正により追加的に規定された経緯からも，原則的規定ではなく補充的なものでしかないことを裏付けていよう）。従って，法人税法上の所得金額の計算の基準を，法人税法ではなく企業会計に求めるための条文と位置づけるべきではないであろう。

③　改正の意味

　この公正処理基準が，法22条2項及び3項の補充規定であるなら，2項及び3項自体に「別段の定めがあるものを除き」と規定されているのであるから，あえて第4項に「別段の定めがあるものを除き」を加える必要がないことになる。ましてや法22条の2は，益金につき定めた法22条2項の特則なのであるから，法22条の2との関係でいえば，「別段の定めがあるものを除き」があろうとなかろうと法22条の2よりも劣後的位置にあるのであるから，今般改正は，単に確認規定ということになる。

　もっとも大竹貿易最高裁判決以降[16]，この公正処理基準を単なる補充規定ではなく，法人税法上の所得金額の計算の基準を，法人税法上の公正性という価値基準に基づく企業会計に求めるための条文として機能させてきており，それを前提に考えれば，これは，今後この部分の判断も法22条の2が優先適用されることを示したものとして創設的規定ということになりそうである。

　もっとも，この改正の意味は，法22条の2の側の「別段の定め（前条第4項

を除く。）があるものを除き」との関係で見るべきものと思われる。即ち，この第4項も「別段の定め」と位置づけられたのであるから，上記したような公正処理基準の位置づけのままで良いか検討を要することになる。よってこの点は，次条第1項のところで確認することとする。

2　新法22条の2第1項

以下に，新条文を個別に検討していく。まずは第1項である。

国税庁より本年5月に出された「「収益認識に関する会計基準」への対応について〜法人税関係〜」というスライド（以下「国税庁説明スライド」という。）によれば，本項は，「収益の計上時期」について規定したものであり，原則として，収益の計上時期は目的物の引渡し又は役務の提供（以下「目的物の引渡し等」とする。）の日の属する事業年度となることを示した条文であると説明されている。ここで問題は，「別段の定め（前条第4項を除く。）があるものを除き」とされている点である。

この点から「別段の定め」の範囲について，2つ考え方があり得よう。即ち，一つは22条の2項及び3項も別段の定めと解するものであり，一つは，22条1項ないし3項は原則的規定として「別段の定め」に含めないというものである。

前者は，「別段の定め（前条第4項を除く。）」という文言からは，法22条中に存する他の項である22条2項も別段の定めに含まれるというものである。そうであればこの括弧書きからは，22条2項は除外されていない以上，この22条の2第1項に優先して適用されるということになる。しかし，22条2項の側でも，「別段の定めがあるものを除き」とあるのであるから，いずれを優先すべきか条文からは明らかではないことになる。もっとも両者でこのように互いに別段の定めとして優先を定めたとすれば，循環論法に陥ることになることから，内容から論理的に考察するしかないことになる。その場合には，22条2項は益金に関する原則であり，22条の2第1項が計上時期を定めた特則と考え，また法22条2項が原則的内容であることから，「別段の定め（前条第4項を除く。）」とありながらも，22条の2第1項の側からは原則的規定として別段の定

めではないとして，まず法22条の2第1項を適用し，次いで22条2項ということになるというものである。[17]

　後者は，法22条1項ないし3項は原則的規定であって，別段の定めは，法22条4項である公正処理基準より後の条項でしかないというものである。この場合には，法22条の2第1項が公正処理基準の側の「別段の定め」であることから，「別段の定め（前条第4項を除く。）」は，公正処理基準と循環論法になることを断ち切るために設けられたものと位置づけることができる。またこの場合，法22条の2は，法22条2項や4項の別段の定めとして位置づけられることになる。

　なお，このように解した場合の問題は，法22条1項ないし3項が原則的規定であって，法22条4項である公正処理基準は別段の定めと位置づけられ，上記した「2項と3項の内容を補充するもの」ではなくなったともいえる点である。この場合，資産の販売等に係る収益に対応する益金（以下「資産の販売等に係る益金」という。）に関しては法22条の2を最上位の別段の定めと位置づけたことから，公正処理基準の役割は法人税上の公正性という価値基準に基づくものとしての点も含めて縮小したことになるが，損金に関しては，別段の定めとして役割が増大したものということになる。もっとも，「補充するもの」と解するしかない根拠として，法22条2項にある益金規定の内容の点にあることを上記したが，損金についてはこのようなものがないことからすれば，この公正処理基準の位置づけが改まったとして解しても，この点の問題は生じないことになる。

　なお，法22条の2は，益金の中で，資産の販売等に関しての別段の定めでしかないことからすれば，上記した「無償による資産の譲受け」については，対象外となるのであって，その場合，公正処理基準を別段の定めと位置づけることに論理的問題が生じそうではあるが，この点別段の定めとして法25条の2に規定があることから問題は生じないことになる。したがって，今般の改正において，公正処理基準が別段の定めとして（ただし資産の販売等に係る益金に関しては法22条の2より下位のものとして）位置づけられた点は，今後，大きな影響を持つものとして注視すべきものといえよう。

3 新法22条の2第2項

　1項で収益の計上時期は目的物の引渡し等の日の属する事業年度と定めているところ，その例外として，一般に公正妥当と認められる会計処理の基準（この場合は，収益認識会計基準を想定していると思われるが，それ以外のものによった場合にも認めることになると考えられる。なお，収益認識基準もまた，「一般に公正妥当と認められる会計処理の基準」に該当することは，「一般に公正妥当な企業会計の基準」及び「一般に公正妥当な企業会計の慣行」に該当する点からも，問題はないはずである。ただしこれは，この法22条の2第2項にいう「一般に公正妥当と認められる会計処理の基準」であるから法22条4項における公正処理基準とは，その概念は異なるものということになろう。）に従った結果，引渡し等の日に近接する日の属する事業年度に，確定した決算で収益に計上した場合にはそれを認めるとするものである。

　ここで分かり難い点は3つある。

　まずは，「当該資産の販売等に係る契約の効力が生ずる日」が「前項に規定する日に近接する日」と「その他の」で結ばれている点である。「その他の」である以上，「当該資産の販売等に係る契約の効力が生ずる日」は「前項に規定する日に近接する日」の例示となる。従って，「当該資産の販売等に係る契約の効力が生ずる日」が，「前項に規定する日に近接する日」即ち，目的物の引渡し等の日に近接する日である場合に，上記例外が認められるということになる。

　従って，「当該資産の販売等に係る契約の効力が生ずる日」が目的物の引渡し等の日に近接していない場合には，それが公正処理基準に従ったものであったとしても，「別段の定め（前条第4項を除く。）があるものを除き，」と，22条4項の公正処理基準を除外していることからも，それは認められないということになる。

　次いで，「同項の規定にかかわらず」であるが，これはその前にある「前項に規定する日」の「前項」を受けているからであり，「前項の規定にかかわらず」の意味となる。従って，決算において収益として経理した場合には，22条の2第1項の規定にかかわらず，「当該事業年度の所得の金額の計算上，益金の額に算入する」と規定しているのであるから，この場合には，申告調整により，

目的物の引渡し等の日の益金に調整することはできないことになる。[18]

　3つ目は，この条文における「一般に公正妥当と認められる会計処理の基準」の意味である。上記したように法22条4項の公正処理基準とは別概念ということになる。しかし，文言として同じであり，上記したように公正処理基準が法22条の2の下位に位置づけられたことから，この公正処理基準と同じ役割を担わせるために設けられたという見解もありそうである。しかし，もしそうであるなら，このような条文構成に改める必要はなく，また，法22条の2が資産の販売等に係る益金に限られたものであり，「当該資産の販売等に係る契約の効力が生ずる日その他の前項に規定する日に近接する日……経理した場合」という制約があるものであるから，文言としては同じでも，限定的なものでしかないものである。

　なお，この2項で問題となるのは「契約の効力が生ずる日」の意味である。通常「契約の効力発生の時」とは，停止条件等が付されていない限り，契約書締結時を指す。しかしこの法22条の2は，収益認識基準を想定して規定されており，「契約の効力が生ずる日」と表現しているのは，その契約全体というよりも，その契約で実現しようとしている主体部分の効力を指すものと思われる（文理上，このように解することに問題がないわけではないが，「契約の効力が生ずる日」というこれまでにない表現からは，このように解すべきものと思われる）。そうでなければ，収益認識基準の基本が，「履行義務の充足」をメルクマールとして収益認識すべきものである以上，この「契約の効力が生ずる日」が，契約全体の効力発生日である契約日ではあり得ず，場合により引渡し後に「履行義務の充足」したとして収益計上する可能性も十分あると思われるところ，「目的物の引渡し又は役務の提供の日」以後にこの「契約の効力が生ずる日」が到来する可能性を考慮していないように思われる。

4　新法22条の2第3項

　一般に公正妥当と認められる会計処理の基準（以下，法22条の2第2項及び第3項のものを「収益公正処理基準」とする。）に従った，目的物の引渡し等の日又はその日に近接する日の属する事業年度における収益計上をしていない場合

の規定である。そしてその場合にも，１項又は２項に定める事業年度において益金加算した場合には，確定した決算で収益に計上したものとして，これを認めるというものである。

　ここで問題は，なぜ，収益公正処理基準に従ったわけでもないのにもかかわらず，２項で規定するその日に近接する日の属する事業年度における益金計上を認め得るのかという点である。２項の規定は，本来計上すべき目的物の引渡し等の日の属する事業年度ではないが，一般に公正妥当と認められる会計処理の基準に従った会計処理の結果を尊重するというものであるところ，その前提根拠を欠いている場合に，なぜそれを認めるのであろうか。

　なお上記国税庁説明スライドによれば，[19] ２項に規定する目的物の引渡し等の日に近接する日の属する事業年度は，目的物の引渡し等の日の属する事業年度よりも前の事業年度しか想定していないようである。しかし，条文上「近接する日」としかない以上，近接する日の属する事業年度で，引渡し等の日の属する事業年度よりも後の事業年度を否定する根拠は乏しいことになる。そして，本項により，近接する日の属する事業年度で，引渡し等の日の属する事業年度よりも後の事業年度に益金計上した場合に，１項と２項には「別段の定めがあるものを除き」とあるところ，この３項にはそれがないのであるから，これを否定することは難しいものとなるのではないかと思われる。

　もっとも，これまで，大竹貿易最高裁判決をはじめ，引渡基準が権利確定主義と同内容のものと解されているように思われるが，本来，引渡後にも履行義務が残っている場合，権利として確定したとは言い切れない場合もあるものと思われ，そうである以上，引渡基準は，そのような義務の無い取引の場合にのみ権利確定主義と同内容なものでしかないといえる。そして，収益認識基準のメルクマールが「履行義務の充足」であるということは，権利確定主義の純化であるともいえる。そうであるなら，当然，引渡し等の日の属する事業年度で引渡し等の日の属する事業年度よりも後の事業年度に収益計上，又は申告調整により益金計上されるべきということになる。しかし申告調整による益金計上は，上記したように論理的には矛盾することになる。

5 新法 22 条の 2 第 4 項

本項は，収益の計上額について規定したものである。内容としては，益金の額に算入する金額について，「販売若しくは譲渡をした資産の引渡しの時における価額」又は「その提供をした役務につき通常得べき対価の額」に「相当する金額」であると規定している。

即ち，資産の販売や譲渡の場合には「資産の引渡しの時の価額」に「相当する金額」，役務提供の場合には「通常得べき対価の額」に「相当する金額」を益金に計上すべき旨規定している。従って，高額や低額，無償の譲渡（条文上「譲渡」としかないが，「譲渡」についてこれらを広く含むものといえよう）の場合には，「資産の引渡しの時の価額」に「相当する金額」が益金となり，高額や低額，無償の役務提供の場合には「通常得べき対価の額」に「相当する金額」が益金となり，「資産の引渡しの時の価額」や「通常得べき対価の額」に「相当する金額」との差額につき寄附金等の処理が求められることになる。

なお，ここで 1 つ説明が必要であると思われるのは，「別段の定め（前条第 4 項を除く。）があるものを除き」と公正処理基準を除外している点である。そもそも 2 項により目的物の引渡し等の日に近接する日の属する事業年度の益金とするのは，公正処理基準に従った処理の結果であると思われるが，ここでそれを除外する規定を置いている理由が何かである。これは上記したように，法 22 条 4 項の公正処理基準は法 22 条の 2 より下位に位置づけられた中で，2 項自体に収益公正処理基準があるのであるから，そもそも法 22 条 4 項の公正処理基準との関係を規定する必要はないものといえる。その意味では確認的規定といえよう。

この法人税法 22 条の 2 に関する条文において，最も危惧すべき点が，この 4 項にある「資産の引渡しの時の価額」に「相当する金額」及び「通常得べき対価の額」に「相当する金額」である。上記国税庁説明用スライドによれば，この「相当する金額」について，「一般的には第三者間で通常付される価額（いわゆる時価）をいう」としており，「時価」として第三者間で付された金額ならば問題がない旨記されている。しかしながら第三者間で付された金額でありながら，「時価」について問題とされた事例が存在する。またこのスライドにも

「第三者間で通常付される価額」とされているように，「通常付される価額」として，第三者間における価額を必ずしも尊重するわけではないことが示されている。

しかし「通常得べき」という語は役務提供の場合にしか入っていない。販売や譲渡の場合には「相当する金額」が問われるのみであるから，役務提供の場合よりも取引価額が尊重されるべきということになろう。

利害の相反する第三者間の取引において付された金額ならば，それが「時価」であって近隣売買事例等によっても否定し得ないものと思われるところ，これを，近隣売買事例や直後の取引金額から否定し課税処分がなされた事案がある[20]。この点，注視していくべきであろう。

6 新法22条の2第5項

国税庁説明スライドによれば，本項も，収益の計上額について規定したものである。内容としては，各号に記された貸倒れや買戻しの可能性がある場合においても，それをないものとして計上すべきことを求めている。上記スライドに「新会計基準では，回収不能や返品の影響も見積って取引価格に反映するが，これらは譲渡資産の時価とは関係ない要素であることから，そのような処理は認められない」とされている。全額を売上に計上した場合には，返品予想分を返品調整引当金に計上した対処が可能であるところ，売上に計上していない場合には，返品調整引当金の計上はなし得ない点が危惧されていたが[21]，この30年改正において，法人税法53条が削除され，返品調整引当金は廃止されている（ただし改正附則25条において，「法人の返品調整引当金に関する経過措置」として，段階的に廃止される旨規定されている）。

なお，ここで疑問は「返品」が「買戻し」に含まれるかという点である。この返品予想分を控除し得ないという解釈は，条文中おそらく，第2号の「当該資産の販売等に係る資産の買戻し」に含むものと解していると思われる。しかし買戻しは，一旦売買されたものが再売買されるものであるところ，返品は元の売買がなかったものとなるものである。それにもかかわらず，2号の「資産の買戻し」に返品を含むものと解すべきなのであろうか。

通常，売買における買戻し特約（民法 579 条以下）は，不動産売買等において
債権保全手段として用いられるものであるところ，返品は，これと異質のもの
である。法文の問題であるから，会計上，「返品」と「買戻し」が類似のもので
あるというのは，理由にならないであろう。文理上，「資産の買戻し」に返品を
含むという解釈は問題があるものといえよう。

　また，これまで，形式上，買戻し条件付譲渡又は再売買の予約とされている
ものであっても，一定の要件を満たしているものは，譲渡担保に該当するもの
として譲渡とされていない（法基通 2 - 1 -18 注書）が，この第 5 項の文言からは，
これをどう考えれば良いであろうか。

　また，この項の冒頭が「前項の引渡しの時における価額又は〜」で始まるの
であるから，この点は，この項の対象外となるはずであるが，読み方次第では，
買戻し特約付き売買も売買とすべきとして処理すべきことを規定したものとな
りかねず，この点もまた，注視していくべきであろう。

7　新法 22 条の 2 第 6 項

　国税庁説明スライドによれば，本項は，現物配当について規定したものであ
るとする。ただし，その主語に「無償による資産の譲渡に係る収益の額」とあ
るように，4 項 5 項と同様，収益の計上額について規定したものであるが，以
下の資本取引における現物配当等の場合の収益の計上額について規定したもの
といえよう。即ち，無償による資産の譲渡の際のキャピタルゲインについて，
「金銭以外の資産による利益の分配」のほか，「剰余金の分配」や「残余財産の
分配又は引渡し」と「これらに類する行為としての資産の譲渡」における「収
益の額」が益金に含まれることを規定したものである。

　なお，この「利益又は剰余金の分配及び残余財産の分配又は引渡し」は，22
条 5 項に挙げられている「資本等取引とは，法人の資本金等の額の増加又は減
少を生ずる取引」の次に「並びに」に続けて規定されている「法人が行う利益
又は剰余金の分配（略）及び残余財産の分配又は引渡し」と同様の表現である。

8 新法 22 条の 2 第 7 項

　本項は，政令委任規定であるが，5 項及び 6 項の内容に関して包括的に，そして，資産の販売等に係る収益の額につき修正の経理をした場合の処理については明確に，政令に委任することが示されている。もっとも，これを，5 項及び 6 項の内容に関してのほか，修正経理は 1 項以下を，その他のことについては 1 項から 4 項に関して包括的に委任したものと解するという反論もあろう。しかしそうであるなら，前の事項とは異なることを示す「その他」の後に「第一項から第四項までの規定の適用に関し必要な事項」と規定するべきではない。

　そうである以上，修正の経理以外の内容に関しては包括委任にすぎず，課税要件を左右するような規定は定め得ないはずである。ここでまず以下の点を指摘しておきたい。

　法 22 条の 2 に関する政令である法人税法施行令 18 条の 2 の 1 項から 3 項までの内容は，法 22 条の 2 第 1 項から 4 項に関する内容である収益の計上時期に関するものを含んでいる修正経理に関する特則的規定である。施行令 18 条の 2 第 4 項の内容が，法 22 条の 2 第 5 項に関するもの（ましてや「修正の経理」に関するものでもないし，「修正の経理」に関するものであるなら）である。そうである以上，この政令委任の文言又は政令の規定内容に問題があることになる。

9 新法人税法施行令 18 条の 2 第 1 項

　上記したように，新法 22 条の 2 第 1 項においては「資産の販売等に係る目的物の引渡し又は役務の提供の日の属する事業年度」の益金とすべきことを求めながらも，同 2 項においては，収益公正処理基準に従って「当該資産の販売等に係る契約の効力が生ずる日その他の前項に規定する日に近接する日の属する事業年度の確定した決算において収益として経理した場合」にはこれを認めるとしている。また同 4 項は，その経理すべき金額について「その販売若しくは譲渡をした資産の引渡しの時における価額又はその提供をした役務につき通常得べき対価の額に相当する金額」と規定している。

　本項は，収益公正処理基準によっていた場合で，事後的に，この「その販売若しくは譲渡をした資産の引渡しの時における価額又はその提供をした役務に

つき通常得べき対価の額に相当する金額」との差額を修正経理した場合に，元の事業年度ではなく，修正経理した事業年度の益金の額又は（益金のマイナスとして）損金の額に算入すること（ただし，新法22条の2第5項各号に掲げる事実が生じる可能性の変動に基づく修正の経理は除かれている）を定めている。

　法人税法22条2項においては「当該事業年度の収益の額」と規定しているのであるから，本来は元の事業年度の益金損金になるものと思われる[22]。しかし公正処理基準から修正経理した期の損金とすべきという裁判例も存する[23]。このように解釈が分かれていたところ，4項に該当する「その販売若しくは譲渡をした資産の引渡しの時における価額又はその提供をした役務につき通常得べき対価の額に相当する金額」についての修正経理については，修正経理した事業年度の益金損金となるよう規定がおかれたのであるが，では，これ以外の理由による修正経理は，元の事業年度の益金や損金となるのであろうか。

　本項を確認規定，又は例示規定と読めば他も同様となろうが，これまでの経緯からすれば，これは創設的規定と思われ，そうである以上，ほかは反対解釈により元の事業年度の益金や損金とすべきものと思われる。

10　新法人税法施行令18条の2第2項

　本項は，前稿の内容を修正申告において，申告調整により行った場合，これを認めるというものである。この点の問題は，法3項の問題と同様である。申告調整のみということは，経理処理をしていないのであるから，収益公正処理基準に従った処理をしていないことになる。法22条の2が，収益公正処理基準に従った会計処理の結果を尊重するというものであるところ，その前提根拠を欠いている場合に，なぜそれを認める必要があるのであろうか。

11　新法人税法施行令18条の2第3項

　本項は引渡し等の事業年度後に生じた事情からの収益基礎額（上記新法22条の2第4項に規定された価額又は対価の額。）の変動により修正経理した場合について，収益基礎額の変動が確定した事業年度の損金や益金となることが定められている。

ここでは，1項と異なり，修正経理ではなく申告調整によることも認めている。なお，1項に規定に該当する場合には1項によるべきとして，「第1項の規定の適用があるときを除く」とされている。また元の申告が収益公正処理基準によらず申告調整の場合も許容している。

　従って，収益公正処理基準によっていた場合で修正経理の場合には1項，元の申告が申告調整の場合及び修正申告が申告調整による場合にはこの3項ということになる。またここでは，1項と異なり新法22条の2第5項各号に掲げる事実が生じる可能性の変動に基づく修正の経理（次項では，この対象の金額を「金銭債権計上差額」としている。）を除外していないことから，この場合の修正経理も本項により認められるかが問題となる。

　後記する次項と異なり，修正の経理に関しては「新法人税法22条7項において明確に委任されているのであるから，この点の問題はない。しかし本項は，上記「収益基礎額」の変動によるものを規定しているところ，次項でいう「金銭債権計上差額」は別のものと位置づけている。従って，本項は，それは対象とされていないことから，「金銭債権計上差額」に関する修正申告については，なんら政令規定は設けられていないと見るべきであろう。

12　新法人税法施行令18条の2第4項

　本項は，法5項で「次に掲げる事実が生ずる可能性がある場合においても，その可能性がないものとした場合における価額」によるべきことを規定したことに関して，それに反して「金銭債権計上差額」がある場合にその差額を加算すべき旨定めたものである。

おわりに

　法22条の2第4項には，益金とすべき取引価額につき，「資産の引渡しの時における価額又はその提供をした役務につき通常得べき対価の額に相当する金額」と明文をもって定められたが，それは利益相反する第三者間取引において決せられた価額においてさえ，取引価額がこの相当する金額と異なるとされるリスクが存するものである。今後の課税庁がこれをどのように運用し，また争

われた場合に裁判所がどのように判断するか注視していく必要があろう。

　また，収益認識に関しては，公正処理基準の適用場面が相当制限されてくるが，それは課税庁側においても同様であり，昨今の税法的価値判断に基づく税会計基準からの介入も制限されるべきものと思われる。この点もまた，課税庁の運用及び裁判所の判断を注視していく必要があろう。

注
1)　上記附則からは，適用が令和2年4月1日より施行のように読める。しかし財務省から出されている「平成30年版改正税法のすべて」280頁によれば「上記3(1)から(6)までの改正は，法人の平成30年4月1日以後に終了する事業年度の所得に対する法人税について適用し，法人の同日前に終了した事業年度の所得に対する法人税については，従前どおりとされています（改正法附則19改正法令附則2）」と記載されている。法人税法22条の2については，3(1)から(6)に記載されているのであるから，この解説の限りでは，22条の2の適用は，平成30年4月1日以後に終了する事業年度からということになる。だがそうであるなら，改正附則1条7号イは何を意味しているのか不明ということになる。上記改正税法のすべてにおいてその根拠としている附則19条には「この附則に別段の定めがあるものを除き，第二条の規定による改正後の法人税法（略）の規定は，法人（略）の施行日以後に終了する事業年度の所得に対する法人税及び連結法人の施行日以後に終了する連結事業年度の連結所得に対する法人税について適用し」とある。このことから，確かに原則は，平成30年4月1日以後に終了する事業年度からの適用であるが，改正附則1条7号イは，この附則の別段の定めであるから，適用は，令和2年4月1日のはずである。
2)　筆者は先に，拙稿「新法人税法22条の2の問題点」税制研究74号91～104頁（以下「前々稿」という。）を著し，問題点を指摘した。また，拙稿「収益認識基準対応としての法人税法22条の2の問題点」会計・監査ジャーナル30巻12号110～117頁（以下「前稿」という。）は，その後明らかになった点を加えた上で，改めて私見を示している。なお本報告は，これまで検討していなかった政令についての検討を加えたものである。
3)　「売上高は，実現主義の原則に従い，商品等の販売又は役務の給付によって実現したものに限る。ただし，長期の未完成請負工事等については，合理的に収益を見積もり，これを当期の損益計算に計上することができる。」
4)　下村昌子「IFRS15号の5つのステップと問題となる契約・取引類型（（総論）IFRS15号の適用をどう進めるか）（特集徹底比較IFRS・日本基準の収益認識）」企業会計67巻5号32頁（2015年）。
5)　収益認識会計基準92項。
6)　収益認識会計基準98項。
7)　酒井克彦「公開草案「収益認識に関する会計基準（案）」と法人税法(1)」税務事例49巻10号99頁では，便宜的ではあるが「特別ルール優先の原則」と名付けている。

8) もっともこの2項には,「金融庁組織令第24条第1項に規定する企業会計審議会により公表された企業会計の基準」とあることから,企業会計原則がこれには含まれないという見方もあり得よう。しかし上記金融庁組織令第24条3項に「企業会計審議会に関し必要な事項については,企業会計審議会令(昭和27年政令第307号)の定めるところによる」と大蔵省時代の企業会計審議会との継続性を承認している。また,この「金融庁組織令第24条第1項に規定する」という部分は,「企業会計審議会」という名称の他のものとの混乱を避けるために付されたものであって,大蔵省が財務省と金融庁とに分割されなければ,当然ここは大蔵省組織令となっていたと思われる。したがって,大蔵省にあった企業会計審議会により出された企業会計原則も,これに含まれるものと解される。

9) 法制執務用語研究会『条文の読み方』2012年,有斐閣,37頁。

10) 旧商法においては「商業帳簿ノ作成ニ関スル規定ノ解釈ニ付イテハ公正ナル会計慣行ヲ斟酌スベシ」と規定されていた。

11) 判時1900号3頁。判タ1183号129頁。裁判所ウェブサイト。控訴審(東京高裁平成18年11月29日判決。判タ1275号245頁)においても,これは維持されている。

12) 判時2169号104頁。判タ1393号247頁。裁判所ウェブサイト。

13) それに対し,弥永真生「会計基準の設定と『公正ナル会計慣行』」判例時報1911号28頁は,「「慣行」という以上,一回も実践されたことがない会計処理方法は含まれないと解さないと,文言から全く離れてしまう」との批判がある。私見同様の見解に立ち,この弥永説を否定するものとしては,村田敏一「違法配当と『公正なる会計慣行』の判断基準(三洋電機違法配当株主代表訴訟事件)」商事法務2108号120頁がある。

14) 公正処理基準の制定当時である昭和41年に大蔵省企業会計審議会より出された「税法と企案会計との調整に関する意見書」においても,「総論―三 企業会計原則における問題」の中で「(6) キャピタルゲイン」「(7) 無償譲渡又は低廉譲渡に係る収益」が挙げられている。また「四 事実認定の自主性」-「3時価の認定」として「資産の交換,低廉瞭渡,無償取得等があった場合」の時価認定の問題が取り上げられている。

15) 法制執務用語研究会『条文の読み方』2012年,有斐閣,68-69頁。

16) 民集47巻9号5278頁,訟月40巻10号2566頁,判時1489号96頁,判タ842号94頁,裁判所ウェブサイト。

17) 前掲注2)前々稿93頁には,この見解のみを示していた。

18) この項の実務的な重要ポイントとしては,国税庁の説明に「割賦基準における回収日は近接する日に該当しない」とあるように,割賦における回収基準は,認められないことが明らかにされている。

19) 上記国税庁説明スライドの13-14枚目スライド(スライド番号は,「12-13」)である。

20) 広島地裁平成2年2月15日判決(判例タイムズ738号94頁,判例時報1371号82頁)。福岡地裁平成27年6月16日判決(LEX/DB25540694)。さいたま地裁平成17年1月12日判決(税資255号順号9885。裁判所ウェブサイト)。

21) 解説記事「新たな収益認識基準導入で税負担増も」T&Aマスター696号7頁。

22) 拙稿「変動対価(新しい収益認識基準の法人税法への適合性)」税務会計研究29号46頁。損金の場合であるが,前期損益修正損益を修正経理した事業年度の損金に認めるべきではないという判決として,東京高裁平成10年11月26日判決(税資239号126頁),

東京地裁平成 27 年 9 月 25 日判決（LEX/DB 25531077），東京高裁平成平成 23 年 3 月 24 日判決（税資 260 号順号 11505）などがある。

23) 東京高裁平成 26 年 4 月 23 日判決（TFK 事件。税務訴訟資料 264 順号 12460。裁判所ウェブサイト）。

3 相続税の性格の再検討
——キャピタルゲイン課税との関係の視点から——

木 村 幹 雄

（愛知大学経営学部准教授・税理士）

はじめに

　相続税は，財産課税なのか，それとも所得課税なのであろうか。財務省のホームページでは，税の種類に関して，所得税や法人税は「所得課税」，相続税・贈与税や登録免許税などは「資産課税等」，そして消費税や酒税，たばこ税などを「消費課税」と分類している。[1]

　一方，包括的所得概念から考えると，すべての経済的価値の増加は「所得」とされる。相続や贈与によって取得した経済的価値もすべて「所得」であると捉えて，所得課税の対象とされる。その意味で相続税は所得税とともに，所得課税だといえるだろう。

　相続税の課税方式は，相続した者が税金を負担する遺産取得税方式と，被相続人の財産それ自体に課税する遺産税方式とがある。わが国の相続税は，両者の折衷方式といわれる法定相続分に基づく遺産取得税方式が採用されている。遺産取得税方式を基本としつつ，遺産税の要素が加味された課税方式である。

　また，相続により取得した財産を他に譲渡した場合には，キャピタルゲインに課税が行われることになるが，資産の取得費をどのように考えるのかにより，課税すべき範囲とタイミングは異なる。

　本稿では，相続税の性格を再検討し，さらに，相続した財産を譲渡し，キャピタルゲインを得た場合の課税の性格について考察していく。なお，相続税とキャピタルゲイン課税との二重課税，あるいは二重の負担といわれる状態の是非とその調整方法についても検討していきたい。

I　相続税の課税根拠と課税方式

1　課税根拠

わが国の相続税は，1905（明治 38）年の創設時は遺産税方式であった。その後，シャウプ勧告に基づく税制改革により，1950（昭和 25）年に遺産取得税方式となり，1958（昭和 33）年からは現行方式である法定相続分に基づく遺産取得税方式となった。それぞれ相続税の課税根拠は異なるが，先行研究を紹介し，検討を加えていきたい。

佐藤論文[2]では，戦前，戦後の研究を取り上げるとともに，遺産税と遺産取得税の根拠について以下のように述べている。

遺産税の根拠としては，①税制の弱点と不完全性を事後的に是正する手段，②不労所得に対する事後的特別負担，③平等な資産分配の目標，④国家共同相続権や相続財産への手数料，及び遺贈を受ける特権への税とする学説があげられている。また，遺産取得税については，①給付能力による課税，②平等な財産分配，③出発点の平等化促進のための努力という 3 つの根拠が示されている。このような課税根拠を述べた後，「遺産税形態の相続税にも，遺産取得税形態のそれにも多くの問題がある[3]」と指摘し，多くの収入を期待しえないとしている。これらの根拠を現在の価値観から考えると，遺産取得税の根拠の方が合意を得やすいように思われる。

岩田論文[4]では，相続税の課税根拠として，①所得税の一部としての課税，②支出税の一部としての課税，③資産の再分配による資産分布の平等化，という 3 つを取り上げて検討している。

①相続税を所得税の一部と考えることにより，「相続税を課した後に，相続以後に相続財産から発生する所得に所得税を課すことは，二重課税になることが分かる[5]」と指摘している。この点については，「二重課税」をどのように捉えるかで，見解が分かれるところであり，相続税と所得税の関係性を考える上で一番重要な視点であろう。②遺産を遺すことが遺贈者の効用であり，「遺産を消費と見なす」ことは無理があるから，相続税を支出税の一種と解釈することにも無理があると指摘している。③機会の完全平等化を図ることは，相続財産

の没収，つまり相続税率を 100％ として再分配を行うことになるが，例え 100％でなくても高い相続税率は，資源配分の効率性を阻害する効果を発揮すると指摘している。公平性を実現するためには，どの程度，効率性を犠牲にしても構わないか，というバランスをとるための検討が必要であろう。

税制調査会「わが国税制の現状と課題[6]」では，①遺産の取得（無償の財産取得）に担税力を見出して課税するものであり，富の再分配を図るという役割がある，②被相続人の生前所得について清算課税を行うもの，③老後扶養の社会化によって，資産の引継ぎの社会化を図っていくことが適当であるとの観点から，相続課税の役割が一層重要になってきているとする議論がある，と指摘している。

2　相続税の課税方式

前述の通り，わが国の相続税は，遺産税方式から遺産取得税方式となり，現行の法定相続分に基づく遺産取得税方式へと移り変わった。

(1)　遺産税方式

遺産税は，被相続人の遺した遺産（財産）そのものを課税対象とし，遺産税（相続税）を納付した残りを相続人等に分配する。どのように分配するかで税額に影響を与えないという特徴がある。「課税のためには，個別の相続人等が取得した財産ではなく，遺産全体を把握すればよいので，徴税上の便宜という面では優れている[7]」とされる。アメリカやイギリスで採用されている課税方式である。

遺産税方式の「長所としては，①人の一生を通じて租税負担を清算することに適しており，②遺産の仮想分割等による不当な租税負担の軽減を防ぐとともに，税務執行も容易である点があげられる。他方，その短所としては，①遺産取得者の担税力に応じた課税はできず，②遺産分割の方法いかんにより税額の変動は生じないため，富の分割促進は図れない[8]」とされる。

この遺産税方式への反対意見として，「結局，遺産税方式では『税』としての合理的根拠を示すことは不可能ではないだろうか。とりわけ，被相続人の『財産』そのものに課税するという前提はかなり問題がある。（中略）『租税』には，

財産元本に対する侵害であってはならないという本質的制約があり，この点で没収と区別しうる，と解されるからである。[9]」と，遺産税の課税根拠そのものを否定している。また，「結局，遺産税方式はそれを合理化する理論的根拠はなく，強いて求めるなら，徴税上の便宜にすぎないと言えよう。現行相続税の課税方式の中に組み込まれている遺産税方式はこの程度の根拠しか有していないこと，それ故，OECD諸国でもほとんどが遺産取得税方式になっていることをまず確認しておく必要があろう[10]」としている。この点に対しては，「アメリカもイギリスも，遺産税方式の相続税制を古くから探り，いまだに採用継続している[11]」という反論がある。

⑵　遺産取得税方式

遺産取得税方式では，遺産を取得した者が取得した遺産に応じた相続税を負担する。よって，「遺産取得税方式では，遺産が分割して相続されるほど，累進課税の上では全体の税負担が少なくなる。このため，遺産取得税方式は，遺産の分割を促進することとなり，富の集中排除という趣旨によりかなうといわれる。[12]」ドイツやフランスで採用されている課税方式である。

遺産取得税方式では，相続税を所得税の補完税としての性質を有すると考える。遺産取得税方式の「長所としては，①遺産取得者の担税力に即した課税を実現することができ，②相続人が多いほど租税負担が軽減することから，遺産分割が促進され，富の集中を抑制する効果があるという点があげられる。他方，その短所としては，①仮想分割により租税負担の不当な軽減を図る行為を誘発する虞れがあり，②遺産分割の実態を把握することが実際には容易ではないため，税務執行が困難となる面があるといわれている。[13]」

遺産取得税方式の相続税制と包括的所得概念に基づく所得税制との関係について，岩﨑論文[14]では，遺産という経済的利得に対して所得税制で課税するのであれば，相続税は不要だと述べており，その場合には，納税者にとって極めて酷な結果が生ずる虞れがある。「この欠点を緩和するためには，所得税制としては分類所得税的な体系をとり，他の所得と分離して，『相続所得』にふさわしい税額計算方式により，他の所得とは異なる控除，税率の下に所得税を計算するということが検討されるべきである。[15]」と，所得税の中に「相続所得」とい

103

う新たな所得区分を提案している。相続により取得した経済的利得を現行所得税の所得区分に当てはめると、「一時所得」になるであろうから、一時所得に係る収入金額からその収入を得るために支出した金額（おそらく、ゼロとなる。）の合計額を控除し、特別控除額50万円を控除した金額となる。その2分の1が他の所得と合算されて、超過累進税率により総合課税されるのであるから、現行相続税と比較すると、相続財産が少ない階層で増税となり、多額の財産を遺した階層では、大幅な減税となる。そのため、「相続所得」という新たな所得区分が必要となるのである。

(3) 法定相続分に基づく遺産取得税方式

現行所得税は、相続による財産の取得を「所得」と捉えながら、所得税法9条1項16号では「相続、遺贈又は個人からの贈与により取得するもの」には所得税を課さないとし、相続税法で相続税を課税している。

法定相続分に基づく遺産取得税方式は、遺産が法定相続分で分割されたと仮定して相続税の総額を求め、実際に取得した財産の割合に応じて、相続税額を按分して各自が負担する相続税額を求める方式である。遺産分割をどのようにするのかによって、相続税の総額が変わらない（配偶者の税額軽減や小規模宅地等の特例は除く。）という特徴がある。遺産取得税方式を基本としているが、遺産税方式の要素を取り入れた両者の折衷型である。

1957（昭和32）年の税制調査会答申[16]によれば、遺産取得税方式の欠陥として、①必ずしも分割の慣習が熟しておらず、遺産の分割相続の観念が弱い、②仮装分割、仮装未分割が行われ、分割の状況を適確に調査する必要が生じる、③農業や中小企業の経営維持のために相続税の負担が相対的に重いものとなる、④個人生活の経済的基盤をぜい弱にしている、と指摘している。これらの問題点を解決するため、翌年、改正が行われた。

1958（昭和33）年の改正から60年が経過し、①相続財産の事後変動、②取得と関係ない基礎控除、③加算税、④連帯納付、⑤財産評価の視角[17]などのような問題点が指摘されている。このうち、④連帯納付については、2012（平成24）年度改正により大幅に改善されている。今から10年ほど前、遺産取得税方式へ改正する気運が高まり、活発な議論が行われたが、自民党・公明党政権から

民主党への政権交代が行われると，相続税の課税方式を検討するという議論はあまり聞かれなくなった。

II　シャウプ勧告と現行税制

1　シャウプ勧告

戦後のわが国は，憲法改正を含めた政治・経済の民主化に取り組み，激しいインフレに悩まされながら，経済復興に向けて動き出していた。ＧＨＱ（連合国軍最高司令官総司令部）の要請により，コロンビア大学教授のカール・S・シャウプ博士を団長とするシャウプ使節団が，1949（昭和24）年と1950（昭和25）年の2度にわたって来日し，シャウプ使節団日本税制報告書，いわゆるシャウプ勧告を公表した。

相続税に関しては，「財産等の継承に対する課税の主たる目的の一つは，根本において，不当な富の集中蓄積を抑制し，あわせて国庫に寄与せしめるにある。このための最もよい租税形態の一つとして『取得税』がある」[18]とし，遺産取得税方式を勧告している。各相続人間に分配した方が税額は少なくなるため，富の分散が進むと考えている。

また，キャピタルゲインについては，「生存中たると死亡によるとを問わず，資産が無償移転された場合，その時までにその財産につき生じた利得または損失は，その年の所得税申告書に計上しなくてはならない[19]」として，すべての資産移転にみなし譲渡課税を行うという点に特徴がある。その理由は，「何代にもわたって無制限に延期することを防止するために欠くことができない[20]」制度だというものであった。

「資産が数代にわたって維持されているならば，キャピタル・ゲインはほとんどあるいは無期限に延期されているのである。しかし，われわれは，贈与もしくは遺贈による移転の際に資産の増価額を所得に算入するよう勧告し[21]」，少なくとも一世代に一度は課税されるべきだという考えからである。

2　シャウプ税制

1950（昭和25）年に行われた税制改正は，シャウプ勧告に基づく改正であり，

シャウプ税制と呼ばれ，シャウプ勧告の多くが取り入れられたものとなった。相続税は遺産取得税方式であり，贈与財産については一生累積課税方式がとられていたが，1953（昭和28）年度税制改正で，実行上の難点等から相続税と贈与税の2本立てとなった[22]。

　相続，遺贈又は贈与により，資産の移転があった場合，その時の価額により，資産の譲渡があったものとみなすというものであり，「みなし譲渡課税は，相続，遺贈または贈与による資産の移転に対して一般的に適用されるものとされた[23]。」

　「相続による『移転』に際しては，被相続人の遺産に生前中生じた含み益を精算するための譲渡課税と，相続によって遺産を『取得』した相続人の不労利得に対する相続税課税という2本立ての課税システムが確立した[24]」とされた。

3　みなし譲渡課税の変遷と現行税制

　シャウプが提案したワンセットの税制改革は，その多くが実現したが，その後，まもなく「みなし譲渡課税」制度は改正され，適用される対象は縮小していった[25]。1952（昭和27）年には，相続人に対する遺贈の場合には不適用となり，1954（昭和29）年には，包括遺贈が不適用となった。1958（昭和33）年には，相続人に対する死因贈与の場合に不適用となり，1962（昭和37）年には，個人に対する贈与，遺贈及び死因贈与並びに低額譲渡の場合には納税者の選択制となった。1965（昭和40）年には，限定承認に係る相続及び包括遺贈で復活し，取得費引継規定が制定された。1973（昭和48）年には，納税者の選択制度が廃止され，強制的な取得費引継制度に改められ，現行制度となった。

　現行制度は，所得税法59条と同60条の規定から考えることができる。59条では，資産の譲渡があったものとみなす範囲として，①法人に対する贈与，②限定承認に係る相続，③法人に対する遺贈，④個人に対する包括遺贈で限定承認に係るもの，⑤法人に対する低額譲渡が規定されている。相続においては，限定承認という例外的な選択を行った場合だけが「みなし譲渡課税」の適用を受け，一般的な単純承認による相続では，60条は「その者が引き続きこれを所有していたものとみなす。」という規定となり，ほとんどの場合にはこちらが適用されている。

106

4 裁判例の検討

⑴　長崎年金訴訟

原告Ｘが，夫の死亡により受け取った年金払特約付の生命保険が，所得税法9条1項15号（現在の16号）に定める非課税所得に該当するか否かが争われた事件である。[26)]

第一審（長崎地裁平成18年11月7日判決，民集64巻5号1304頁）では，年金受給権「に対して相続税を課税した上，更に個々の年金に所得税を課税することは，実質的・経済的には同一の資産に関して二重に課税するものであることは明らかであって，前記所得税法9条1項15号の趣旨により許されないものといわなければならない」と納税者の主張を認めた。

第二審（福岡高裁平成19年10月25日判決，民集64巻5号1316頁）では，原判決を取り消し，被控訴人の請求を棄却した。納税者Ｘの夫Ａの死亡により受け取った生命保険契約に基づく年金受給権は，「相続税法3条1項1号に規定する『保険金』に該当すると解される。そうすると，被控訴人は，Ａの死亡により，本件年金受給権を取得したものであるから，その取得は相続税の課税対象となる。」また，「本件年金は，本件年金受給権とは法的に異なるものであり，Ａの死亡後に支分権に基づいて発生したものであるから，相続税法3条1項1号に規定する『保険金』に該当せず，所得税法9条1項15号所定の非課税所得に該当しないと解される。」「所得税法は，本件年金のように，生命保険契約に基づく死亡保険金として支払われる年金について，所得税の課税を予定しているものということができる。」と判示した。

最高裁（平成22年7月6日判決，民集64巻5号1277頁）は，Ｘの上告受理申立に対して，原判決を破棄し，被上告人の控訴を棄却した。所得税法9条1項15号の「趣旨は，相続税又は贈与税の課税対象となる経済的価値に対しては所得税を課さないこととして，同一の経済的価値に対する相続税又は贈与税と所得税との二重課税を排除したものであると解される」とした。「将来にわたって受け取るべき年金の金額を被相続人死亡時の現在価値に引き直した金額の合計額に相当し，その価額と上記残存期間に受けるべき年金の総額との差額は，当該各年金の上記現在価値をそれぞれ元本とした場合の運用益の合計額に相当

するものとして規定されているものと解される。したがって，これらの年金の各支給額のうち上記現在価値に相当する部分は，相続税の課税対象となる経済的価値と同一のものということができ，所得税法9条1項15号により所得税の課税対象とならないものというべきである」という判断をした。

これにより被相続人の死亡により受け取った本件のような年金受給権から得られる所得と，生命保険金を一時金として受け取った後，その保険金を原資として一時払いで契約した年金保険を受け取ったことによる所得との課税関係が同様な取り扱いとなり，公平性が保たれることになったと思われる。

本判決を受け，同一事案が過去に遡って減額更正されるとともに，所得税法施行令が改正され，初年度には課税されず，2年目以降については運用益に課税するという取り扱いが定着した。

(2)　相続取得不動産譲渡訴訟

相続により取得した不動産を譲渡した場合，被相続人が保有していた期間中の増加益に相当する部分は非課税規定により所得税を課税されないとして争った事件である。[27]

鎌倉事件[28]と渋谷事件[29]は，第一審，第二審ともに同様の判断が行われた。渋谷事件の第二審では「所得税法は，保有資産の増加益に対する課税について，相続，遺贈又は贈与の時に時価により資産の譲渡があったものとみなして時価相当額を被相続人等に課税していた『みなし譲渡課税』方式を改め，相続時には被相続人の資産の保有期間中の増加益に対する課税を繰り延べる方式（所得税法60条1項1号）を採用したのであるから，被相続人の保有資産の増加益については，相続税の課税対象となることとは別に相続人に対する所得税の課税対象となることを予定しているものといえる[30]」とし，最高裁平成22年7月6日判決とは事案を異にしていると判示した。その後，最高裁では上告不受理となり，判決が確定した。

III　二重課税とその調整

1　二重課税の意義

二重課税の考え方について，先行研究を確認し，検討を加えたい。

3 相続税の性格の再検討

渋谷論文[31]では、「みなし譲渡方式は、相続税とキャピタル・ゲインに対する所得税とが同時に課税されるという結果をもたらす。これは決して二重課税、換言すれば相対的重課ではなく、せいぜい同時課税と呼ぶべきものである。」[32]として、二重課税を否定している。

また、取得費引継方式は「もし資産評価において潜在的租税債務を全く考慮しないとすると、相続の直後に潜在的キャピタル・ゲインを有する資産が譲渡された場合には、納税者はキャピタル・ゲインに相当する部分に相続税と所得税とが重ねて賦課される結果となる。」[33]として、将来の所得税負担が遺産分割に与える影響についても言及し、それらを考慮した遺産分割の可能性、調整の困難さを示している。

柴論文[34]では、相続税と所得税の統合が検討され、「包括的所得概念による統合の方が、課税のタイミングにおいては、納税者の恣意性を排除でき、課税期間を生涯と捉えずに済むので、相続税と所得税を統合する方法としては望ましい」[35]としている。

また、「発生主義によって毎年の純資産の増加（減）に所得課税をしておけば、死亡時、贈与時にみなし譲渡所得課税をする必要はなくなる」[36]との可能性を示し、結論としては、「包括的所得概念にしたがった所得税体系を目指し、相続、贈与による資産の取得を相続人、受贈者の所得として、担税力に応じた課税をするのが、富の再分配や機会の平等にもつながることになろう。」[37]と締めくくっている。

奥谷論文[38]では、「相続時に時価で課税し、取得価額が引き継がれることによって、当該資産の譲渡時に再度相続時の時価までに課税されるという問題については、二重課税を生じているとはいえないが、『二重の負担』が生じていると考えられる」[39]としている。

時効取得の裁判例を検討し、時効援用時までの値上り益は、一時所得として課税される一方、前権利者への課税がなされていない。時効により取得した者が譲渡した場合には、時価で取得したものとして、取得以後の値上り益のみが課税対象となるとし、「相続や贈与といった無償による財産取得の場合、資産取得時に時価で課税することから、当該資産の取得時までの時価までの値上り

109

益はすでに課税されたものと評価し，取得以後の値上り益のみが将来の譲渡所得の課税対象になると解することが適切である[40]」との見解である。

前権利者への課税の有無に関しては，原始取得である時効取得と承継取得である相続や贈与では，考え方が異なるように思われる。

伊川論文[41]では，「相続に伴う資産の移転に対する課税のあり方として，現行の遺産取得税方式を維持するのか，それとも遺産税方式を前提に考えるのかによっても，調整方法のあり方が異なる[42]」とし，前提をどのように考えるかで，結論が大きく変わると考えている。相続税と所得税の様々な課税パターンを詳細に検討しており，取得後値上り益課税方式が理論上，最も妥当であるとしつつも，「『二重の負担』の調整は，譲渡所得税と相続税の両面から，課税方式や課税単位といった税制の基本構造，また包括的所得概念の実現と政策的措置との調整など，各方面から検討することが必要である[43]」としている。

包括的所得概念を前提とした場合には，毎年の資産の増加益は，含み益として課税されていない「所得」である。本来は，毎年，資産を評価して課税するべきであろうが，現実には困難であるため，人の死亡の時点を捉えて，被相続人の所得として課税することが必要であろう。

2 二重課税の調整

(1) 現行制度上の調整（取得費加算の特例）

相続又は遺贈により財産を取得した個人が，相続の開始があった日の翌日から申告書の提出期限の翌日以後3年を経過する日までの間に当該資産を譲渡した場合には，当該取得費に相当する金額にその者の相続税額のうち譲渡した資産に対応する部分を取得費に加算して控除することとしている。

相続税と相続により取得した資産を譲渡した場合の譲渡所得税について，負担の軽減を図る目的から，1970（昭和45）年の改正で，取得費加算の特例が創設された。適用期間については，当初，相続税の申告期限の翌日以後2年を経過する日までであったものが，1994（平成6）年からは，3年を経過する日までに改められた。また，取得費に加算できる相続税相当額の計算については，「譲渡した資産」に対応する部分から「すべての土地等」に対応する部分へ，そ

して「譲渡した資産」に対応する部分へと変更されている。

この規定は，相続した資産を譲渡した場合に，相続税が課されているときには，その相続税相当額の対応部分を取得費に加算して，譲渡所得の計算を行うという規定であり，二重課税の調整ではなく，政策的な負担調整あるいは配慮といえよう。

(2)　一方のみの課税

相続税と譲渡所得税を二重課税だと考える場合には，相続税か譲渡所得税か，どちらか一方のみを課税するということが考えられる。

①　アメリカ方式

「今日のアメリカでは，贈与の場合は取得価額の引き継ぎ（carryover basis），相続の場合は自動的増額取得価額または自動的減額取得価額（step-up basis or step-down basis）となっている」。遺産税が課されることにより，取得価額がステップアップし，被相続人が所有していた期間のキャピタルゲインに課税されることはない。

②　カナダ方式

従前，カナダでは連邦遺産税とともに，州においても相続税を課税しているところがあった。「71 年に，連邦政府は，譲渡所得課税を開始し，死亡時に資本財産が処分されたものとみなして譲渡所得に課税する制度の導入に伴い，72年1月1日以降の死亡に係る遺産について，連邦遺産税の賦課徴収を廃止した」。遺産税・相続税を課税せず，相続時に値上り益に対してみなし譲渡課税を行う方式である。

これにより「被相続人が生前，所有していた資産の値上り益は，死亡直前に実現したものとみなされ，同人の死亡年度の所得に算入される。一方，資産を相続により取得した相続人は，当該資産を被相続人の死亡時点での時価で取得したものと扱われ」，その後，キャピタルゲインとして課税されるのは，相続人自身が所有していた期間の値上り益だけである。

(3)　債務控除

被相続人が保有していた資産の値上り益に対してみなし譲渡課税が行われる場合には，その支払うことになる所得税は，当然，相続税の計算上，相続財産

から債務として控除され，二重課税の調整を行うことができる。みなし譲渡課税を行わなければ，潜在的な所得税負担ということになり，債務として控除することはできない。

おわりに

世界の流れは，相続税の廃止や縮小である。このような中で，わが国は2015（平成27）年に相続税の基礎控除を引き下げて増税を行った。相続税は，何のために必要なのか，その目的を再確認しなければならない。相続税は，富の再分配のために必要であり，機会の均等を図るためになくてはならない制度であると考えられる。

相続税をどのように考えるかで，所得課税との関係は異なってくる。相続税を，財産課税と考えると，相続税とキャピタルゲイン課税は別ものといえる。相続税を所得課税の一形態と考えると，相続税とキャピタルゲイン課税との関係は，幾通りにも分類できる。

相続税とキャピタルゲイン課税の役割は，そもそも異なるという点を確認しておきたい。相続税があればキャピタルゲイン課税は不要だとか，キャピタルゲイン課税があれば相続税が不要になるというわけではない。キャピタルゲイン課税のみを行い，相続税を廃止してしまうと，値上り益を生じない金銭のみを所有する者の相続では，課税が行われることはない。

両税は二重課税でないにしても，同時課税や両面課税，二重の負担といわれるように何らかの配慮が必要だという意見は多い。両税についてはどちらか一方を廃止するというのではなく，控除額や税率などを見直して負担の調整を図ればよいのであって，両税が存在し役割を補完していく必要がある。

注
1) 財務省「税の種類に関する資料」https://www.mof.go.jp/tax_policy/summary/condition/a01.htm（2019年5月31日最終アクセス）
2) 佐藤進「相続税の根拠とあり方」『税研』52号（1993年11月）7-10頁。
3) 佐藤・前掲注2）11頁。
4) 岩田規久男「相続税の役割とあり方」『税研』87号（1999年9月）24-27頁。

3 相続税の性格の再検討

5) 岩田・前掲注 4) 25 頁。

6) 加藤寛監修『わが国税制の現状と課題　21 世紀に向けた国民の参加と選択』（大蔵財務協会，平成 12 年）285 頁。

7) 渋谷雅弘「相続税の本質と課税方式」『税研』139 号（2008 年 5 月）23 頁。

8) 岩﨑政明「相続税を巡る諸問題」水野正一編著『資産課税の理論と課題（改訂版）』（税務経理協会，平成 17 年）186 頁。

9) 三木義一「相続税の抜本的改革への一視点」『税経通信』Vol. 54 No. 10（1999 年 7 月）28 頁。

10) 三木・前掲注 9) 29 頁。

11) 塩崎潤「三木教授の『相続税の抜本的改革への一視点』に対する共鳴と別視点—今，簡単に，シャウプ流の遺産取得税方式に戻ることはむつかしい—」『税経通信』Vol. 54 No. 13（1999 年 10 月）25 頁。

12) 渋谷・前掲注 7) 23-24 頁。

13) 岩﨑・前掲注 8) 186 頁。

14) 岩﨑・前掲注 8) 196-197 頁。

15) 岩﨑・前掲注 8) 197 頁。

16) 税制特別調査会「相続税制度改正に関する税制特別調査会答申」（昭和 32 年 12 月）12-13 頁。

17) 三木・前掲注 9) 30-31 頁。

18) 福田幸弘監修『シャウプの税制勧告』（霞出版社，昭和 60 年）172 頁。

19) 福田・前掲注 18) 118 頁。

20) 福田・前掲注 18) 118 頁。

21) 福田・前掲注 18) 313 頁。

22) 大蔵省財政史室編『昭和財政史－昭和 27 ～ 48 年度　第 6 巻　租税』（東洋経済新報社，平成 2 年）77-80 に詳しい。

23) 渋谷雅弘「シャウプ勧告における所得税—譲渡所得を中心として—」租税法学会編『シャウプ勧告 50 年の軌跡と課題（租税法研究 28 号)』（有斐閣，2000 年）70 頁。

24) 三木・前掲注 9) 27 頁。

25) 渋谷・前掲注 23) 71-72 頁，注解所得税法研究会編『注解所得税法（六訂版）』（大蔵財務協会，平成 31 年）713-729 頁に詳しい。

26) 馬場陽「生命保険年金二重課税判決」『税務事例』Vol. 48 No. 5（2016 年 5 月）33-51 頁に詳しい。

27) 酒井克彦「相続した土地の含み益への譲渡所得課税の二重課税問題（上）（下）」『税務事例』Vol. 45 No. 9（2013 年 9 月）1-10 頁及び Vol. 45 No. 10（2013 年 10 月）15-22 頁，馬場陽「キャピタル・ゲイン課税と所得税法 9 条 1 項 16 号」『税務事例』Vol. 48 No. 9（2016 年 9 月）34-43 頁に詳しい。

28) 東京地裁平成 25 年 7 月 26 日判決（税資 263 号順号 12265），東京高裁平成 26 年 3 月 27 日判決（税資 264 号順号 12443），最高裁平成 27 年 1 月 16 日決定（税資 265 号順号 12586)。

29) 東京地裁平成 25 年 6 月 20 日判決（税資 263 号順号 12238），東京高裁平成 25 年 11 月

21 日判決（税資 263 号順号 12339），最高裁平成 27 年 1 月 16 日決定（税資 265 号順号 12588）。

30) 東京高裁平成 25 年 11 月 21 日判決（税資 263 号順号 12339）。

31) 渋谷雅弘「相続・贈与と譲渡所得課税」日本税務研究センター編『譲渡所得の課税（日税研論集 VOL.50）』（日本税務研究センター，2002 年）145-168 頁。

32) 渋谷・前掲注 31）147 頁。

33) 渋谷・前掲注 31）149 頁。

34) 柴由花「相続税と所得税の統合―課税ベースからの考察―」『横浜国際社会科学研究』8 巻 1 号（2003 年 7 月）81-99 頁。

35) 柴・前掲注 34）94 頁。

36) 柴・前掲注 34）94 頁。

37) 柴・前掲注 34）94 頁。

38) 奥谷健「相続税と所得税による『二重の負担』」『立命館法学』352 号（2013 年 6 号）110-149 頁。

39) 奥谷・前掲注 38）144 頁。

40) 奥谷・前掲注 38）145-146 頁。

41) 伊川正樹「譲渡所得税と相続税との調整」『税法学』572 号（2014 年 12 月）3-22 頁。

42) 伊川・前掲注 41）4 頁。

43) 伊川・前掲注 41）22 頁。

44) 大塚正民「譲渡所得課税における『取得価額の引き継ぎ制度』の日米比較」『青山法務研究論集』1 巻（2010 年）146 頁。

45) 一高龍司「カナダ及びオーストラリアにおける遺産・相続税の廃止と死亡時譲渡所得課税制度」『世界における相続法の現状（日税研論集 VOL.56）』（日本税務研究センター，2004 年）48 頁。

46) 伊川・前掲注 41）9 頁。

Ⅲ　シンポジウム　第二部

各国の税制改革の動向

2018 年 12 月 22・23 日　第 30 回大会（於　大東文化大学）

1 トランプ税制改革（2017年減税・雇用法）の特徴と課題
―企業課税，国際課税の側面を中心に[1]

河 音 琢 郎

（立命館大学経済学部教授）

はじめに

アメリカ連邦議会は，2017年12月，減税・雇用法（The Tax Cuts and Jobs Act of 2017, 以下TCJAと略す）を両院本会議にて採択，トランプ大統領が署名し，成立をみた。同法は，トランプ政権，共和党両院多数派議会の統一政府下において，内政面における最大にしてほぼ唯一の立法成果である。またTCJAは，ほぼすべての税目に渡る広範囲な租税立法であることから，レーガン政権期の1986年税制改革法（The Tax Reform Act of 1986）以来の大規模税制改革と評される一方で，1986年法とは異なり，大規模な財政赤字を代替財源としている点で，単なる減税立法との評価も存在する。

本稿では，TCJAの最大の眼目が1993年以来の法人税率の大幅引下げと各種の国際課税改革にあったとの見地から，同法の法人税，国際課税改革に焦点を当ててその概要を検討し，その特徴づけを行う。具体的には，知識集約型産業構造への転換とグローバル化が進行するアメリカ経済を前提として，TCJAがいかなる問題意識の下制定されるに至ったのか，その形成過程を分析し，TCJAがアメリカ経済及び多国籍企業，さらには国際的な租税システムに対するインプリケーションを明らかにしたい。

叙述は以下のような形で進める。第1に，TCJAの全体像を概観した上で，その中心的内容が法人税率の引下げと国際課税改革にあることを明らかにする。第2に，TCJAの法人税改革，国際課税改革の特徴をその経済的背景を踏まえて概観する。第3に，TCJAの法人税，国際課税改革のひな型となったと考えられる，2010年代の連邦議会及びオバマ政権による税制改革に関する諸議論

をトレースし，TCJA の法人税，国際課税改革が超党派的な性格を有していたことを明らかにする。さらに第 4 に，OECD の BEPS プロジェクトにおける国際課税をめぐる諸議論との関連で TCJA の国際課税改革を検討し，TCJA の国際的租税システムに及ぼすインパクトについて考える。以上を通じて，TCJA の法人税，企業課税改革が，従来の覇権国型から他の先進諸国の租税競争への本格的算入という一国主義的な国際課税システムへの転換として位置づけられるとともに，逆にこのような一国主義への転換という性格のゆえに，TCJA が国際的な租税システムの協調を促進する可能性を有していることを示す。

I　TCJA の全体像の概観

　TCJA は，個人所得税から法人税，さらには国際課税システムをも含めた広範囲に及ぶ租税立法となっている。その全体像を，TCJA が及ぼす財政インパクトとして示したのが，第 1 表である。TCJA は，歳入中立＝財政赤字中立の原則の下立法化された 1986 年税制改革法とは異なり，向こう 10 年間で 1.5 兆ドルもの財政赤字の拡大を前提とした減税立法として制定された。TCJA の立法過程を主導した議会共和党指導部は，当初は歳入中立＝財政赤字中立を担保した税制改革を志向しており，個人所得税減税，法人税率引下げの代替財源として構想・提起していた国境調整税の導入がトランプ政権によって一刀両断に否定されたことにより，大幅な財政赤字拡大を前提とした減税立法の道を選択することを余儀なくされた。[2]

第 1 表　TCJA の財政収支に及ぼす影響推計（2018-27 年の合計、10 億ドル）

	推計額	備考
個人所得税		
個人所得税率の引下げ	-1,214	2025 年末失効
基礎控除の引上げ	-720	2025 年末失効
州・地方税控除の制限	1,212	2025 年末失効
パススルー事業体減税	-415	2025 年末失効
児童税額控除の拡充	-573	2025 年末失効
住宅モーゲイジ控除の制限	668	2025 年末失効
オバマケア未加入者への罰金の撤廃	314	＊ACA の支出削減効果を含む

	その他	-398	
	小計	-1,127	
企業課税			
	法人税率の引き下げ	-1,349	
	設備投資の即時償却	-61	2022 年末失効
	その他	756	
	小計	-654	
国際課税			
	海外子会社からの配当非課税	-224	
	過去の海外留保所得の送金に対する時限軽課	339	
	租税回避的海外無形資産への課税：GILTI	112	
	国内所在無形財産による海外収益への控除：FDII	-64	
	在米海外企業の租税回避対策：BEAT	150	
	その他	11	
	小計	324	
合計		-1,456	

出所) JCT（2017a）, より作成。

　同表によれば，個人所得税率引下げ，基礎控除の簡素化・引上げをはじめとした個人所得税改革により向こう 10 年間にわたり 1.1 兆円の減税，法人税率の引下げにより 1.3 兆ドルの減税を盛り込んでおり，これを国際課税改革等で補うことにより，全体として 1.5 兆ドルの歳入減少を伴う減税立法となっている。

　このうち，個人所得税については，トランプの大統領選時の公約の一つであった中間層減税を果たすものとして，ほぼ全階層に渡る税率の一律カットと基礎控除の簡素化，引上げが実施され，これにマルコ・ルビオ上院議員（Marco Rubio, 共和党，フロリダ州）が主張した児童税額控除の拡大が付け加わり，大幅な減税措置が盛り込まれている。さらに，後述する法人税率の大幅引下げとのバランスをはかるという理屈から，法人課税に服さない，いわゆるパススルー事業体に対する租税優遇措置として，所得控除が盛り込まれた。これらの減税措置を埋めるために設けられたのが，第 1 に，これまで全額控除されていた，州・地方所得税の所得控除（State and Local Tax Deduction, 以下 SALT と略）

119

への上限設定，第2に，住宅モーゲイジ税額控除の制限をはじめとした課税ベースの拡大である。これに，オバマ政権時の医療保険改革，いわゆるオバマケアにおいて制定された，医療保険未加入者に対する罰則金の撤廃措置が盛り込まれた。これらの課税ベース拡大・増収措置を講じても，前述の通り個人所得税では1.1兆ドルの減税となる。

　注目すべきは，これらの個人所得税に関する諸規定は，すべて2025年までの時限立法として措置されているという点である（オバマケア未加入者への罰則金の撤廃を除く）。TCJAによる個人所得税改革が，一時的で即興的な「お手盛り」と評されるゆえんである。これとは対照的に，法人税，国際課税関連の諸規定は，2022年までの時限立法とされた設備投資に対する即時償却措置といった例外があるものの，ほぼすべてが恒久法として立法化された。

　以上のような時限立法，恒久立法という視点からも，TCJAの主たる内容が法人税，国際課税改革にあったと評することができる。しかしこの点は，TCJAの法人税，国際課税改革の内容を見ることで，よりその画期性が明らかとなろう。そこで，以下節を改めて，TCJAの法人税，国際課税改革について概観したい。

II　TCJAの法人税，国際課税改革の特徴

　TCJAの法人税改革の最大の目玉は，法人税率の大幅引下げである。TCJAは，1993年以来手をつけられることがなかった法人税率（15％，25％，24％，34％，35％の累進税率）を比例税率21％に大幅に引き下げた。トランプが大統領選挙時に公約した15％には及ばないものの，きわめて大幅な税率引下げ，減税であることに変わりはない。

　TCJAに盛り込まれた国際課税改革は以下4点にまとめることができる。

　第1は，アメリカ企業に対する全世界所得課税から領域主義課税への転換である。一般にクロス・ボーダーの所得課税のルールは，納税者が居住者であることを基準とし，納税者が世界中のどこで稼いだ所得であるかを問わず，当該納税者のすべての所得を課税対象とする全世界所得課税と，所得の発生した源泉地を基準として，国内で発生した所得のみを課税対象とする領域主義とに分

1　トランプ税制改革（2017年減税・雇用法）の特徴と課題

かれる。欧州諸国や日本など他の先進諸国では領域主義課税が支配的となっているが，アメリカにおいては，国内居住者に対しては全世界所得課税を，アメリカに所在する海外居住者に対しては領域主義課税を原則とするという，ハイブリッド方式が採用されてきた。

　全世界所得課税といっても，アメリカ企業の海外子会社が稼いだ所得について捕捉することは困難であるから，原則としてアメリカの課税当局は海外子会社が本国会社にその所得を還流させる時点で課税する以外にすべはない。それゆえ，アメリカ多国籍企業は，アメリカ本国に所得を還流させず，海外子会社に利益を留保し続け，このことがアメリカ国際課税上の大きな課題とされてきた。第2表は，アメリカ企業の事業活動において本来課税に服すべき金額を租税支出として定義し，その推移を見たものである。機械設備等に対する加速度償却措置などの伝統的な租税優遇措置に伴う租税支出に比して，21世紀に入り，海外子会社に所得が留保されて課税が繰り延べられている租税支出額が大きな比重をなしてきていることが分かる。

第2表　主な事業活動に対する租税支出の現在価値：単位10億ドル

	1995	2000	2005	2010	2015	2017
海外子会社所得の課税繰延	1.7	6.4	10.0	23.3	44.6	63.6
研究・実験支出の費用計上	2.5	1.7	2.4	2.8	3.0	3.4
生命保険契約の課税繰延	-	21.2	19.6	19.2	13.9	-
賃貸住宅の加速度償却	1.8	4.5	16.1	6.6	14.8	14.1
その他建物の加速度償却	0.4	0.5	16.0	-13.5	-11.3	-5.3
機械設備の加速度償却	18.7	35.8	64.3	15.2	12.1	27.2
特定少額投資の費用計上	1.2	1.1	1.1	0.0	0.6	1.3
適格学費プランの課税繰延	-	-	-	8.5	3.8	4.0
低所得者住宅投資税額控除	2.4	2.5	4.0	5.9	5.8	9.1
私的年金の所得控除	53.1	131.4	200.0	229.2	103.6	121.9
州・地方債所得控除	25.3	24.8	26.5	26.3	16.6	20.8

　出所）OMB, *Budget of the U.S. Government: Appendix*, 各年度版，より作成。

　こうしたアメリカ多国籍企業の海外に留保された所得に対して，TCJAは，

121

これまでの全世界所得課税から領域主義課税へ転換し，海外子会社から本国へ還流される配当に対する課税権の放棄を宣言した（IRC, §245A）。

第2は，知的財産権，研究開発費，顧客情報等のマーケティング資産をはじめとした無形資産に対する優遇税制の導入である。知識集約産業への産業構造の転換が進むに伴い，企業の無形資産投資の比率は高まる傾向にあり（第1図を参照），これに伴い企業活動の所得源泉としての無形資産もまたその意義が増している。また，無形資産は設備等の有形資産に比してモビリティが高く，多国籍企業のグローバルな租税戦略と密接に結びついている。近年，こうした無形資産の重要性の高まりに対応して，欧州諸国等では，無形資産に派生する所得に対する課税を優遇し，無形資産を自国に囲い込もうとするパテント・ボックスと呼ばれる租税政策を採用することが支配的となっている。

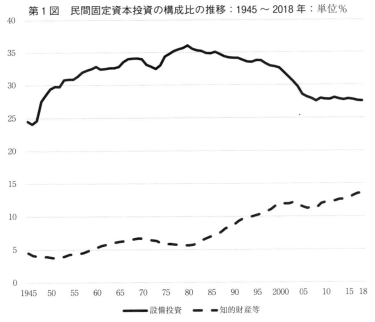

第1図　民間固定資本投資の構成比の推移：1945～2018年：単位％

出所) BEA (2019) *Investment in Fixed Assets*, Table 2.1. Current-Cost Net Stock of Private Fixed Assets, Equipment, Structures, and Intellectual Property Products by Type, issued on Aug. 8, より作成。

こうした他先進諸国の動きに対抗するために，TCJA では，グローバル無形資産に対する低税率での課税措置（Global Intangible Low Tax Income, 以下 GILTI と略）と，アメリカ国内の無形資産に依拠して海外で稼いだ所得に対する軽課措置（Foreign Derived Intangible Income, 以下 FDII と略）という 2 つの制度を設けた。GILTI は，アメリカ企業の海外所在無形資産から派生する所得を対象としたもので，これらに対しては全世界所得課税の原則を適用し，アメリカの法人課税の対象とする一方で，GILTI に対しては 50％の所得控除を認めることで軽課するというものである（IRC, §250）。これに対して，FDII は，アメリカ国内に所在する無形資産から派生する所得のうち，海外輸出により稼がれた所得を対象とするもので，GILTI と同じく 50％の所得控除により軽課される（IRC, §250）。GILTI, FDII いずれも，無形資産に派生する所得に関しては，全世界所得課税の原則を堅持する一方で，軽課措置をとることにより，無形資産を本国に囲い込むことを企図している[3]。

ただし，企業所得が通常の事業活動から得られたものなのか，無形資産に由来するものなのかの区別については，GILTI, FDII はともによりシンプルな制度設計となっている。すなわち，GILTI, FDII ともに，企業の有形資産に対する 10％を超える所得を超過利潤として無形資産から派生した所得と見なし，これらの所得に対して軽課する。この点は，無形資産に依拠した所得を厳密に峻別するという，欧州諸国において支配的なパテント・ボックス課税とは相当異なる制度設計となっている[4]。

第 3 は，上記のような国際課税の対処を講じてなお生じうる多国籍企業の税源浸食行動を抑止するためのミニマム課税の創設で，税源浸食・租税回避防止税（Base Erosion and Anti-Abuse Tax, 以下 BEAT と略）と呼ばれる。BEAT の対象となるのは総収入 500 万ドル以上の巨大多国籍企業で，当該企業が税源浸食による海外への移転所得を有していると見なされた場合，当該所得を国内所得と合算した上で 10％のミニマム税率で課税される（IRC, §59A）。すなわち，多国籍企業に対して，BEAT に依拠してミニマム課税を選択するか，BEAT 所得を放棄して国内法定税率での課税に服するかの選択肢を迫り，これによって多国籍企業の税源浸食行動を抑止しようというものである。

第4は，TCJA施行前に海外子会社に留保された過去の所得の本国還流を促すための一時的な軽課措置である。これらの海外留保所得が2018年の1年間にアメリカ本国に還流された場合，8～25％の税率で軽課される（IRC, §965）。これは2005年にG.W.ブッシュ政権時に実施された措置と同じものであるが，海外子会社からの本国還流をより促進するために，8年間の分割納税を認めるものとなっている。なお，2018年の海外子会社からの配当還流は7,770億ドルにのぼった。この数値をどのように評価するのかは本稿の課題を超えるが，一般にストックレベルでアメリカ多国籍企業が海外に留保している所得が3～5兆ドルと推計されていることに鑑みれば，TCJAの一時軽課措置により相当額の海外留保所得がアメリカに還流したことになる。[5]

Ⅲ　2010年代の政策論争とTCJAの比較検討

TCJAの法人税，国際課税改革がアメリカ経済や多国籍企業の行動様式にいかなる影響を与えるのかについて，現時点で評価するのは時期尚早である。そこで，本稿では，TCJA成立に先立つ2010年代における法人税，国際課税改革をめぐる連邦議会，オバマ政権内での政策議論をトレースし，それらとTCJAとを対比することにより，TCJAの政策的含意を検討してみたい。なお，政策論点をより明確にするために，以下では，a）法人税率引下げ，b）全世界所得課税から領域主義課税への転換，c）無形資産から派生する所得に対する課税の取扱い，d）税制改革に伴う代替財源の確保，の4つの論点に絞って検討する。

TCJAの諸規定の事実上のひな型となったのは，2014年に連邦議会下院歳入委員会委員長のデイブ・キャンプ（Dave Camp, 共和党，ミシガン州）がとりまとめた2014年税制改革法ディスカッション・ドラフト（U.S. House, Committee on Ways and Means（2014））であったと言われている（Cary and Holmes（2019））。同ディスカッション・ドラフトは，当時オバマ政権下の分割政府では成立の見込みがないことを前提に，上程すらされることなく終わったものの，その包括性ゆえに，議会，政権，及び各種のシンクタンクにおいて活発な議論が展開された。

1 トランプ税制改革（2017年減税・雇用法）の特徴と課題

2014年ディスカッション・ドラフトの法人税，国際課税改革の課題意識は以下のようなものであった。欧州諸国をはじめ各国が法人税減税，領域主義課税への転換，パテント・ボックス課税といった形で改革を進めているのに対して，アメリカの税制改革は旧態依然で遅れをとっている。このことが，アメリカ企業の国際競争力の相対的地位低下を招くとともに，多国籍企業の海外子会社への所得留保傾向を阻止できず，そのためにアメリカ国内経済への投資を低迷させ，企業の租税回避を助長し，アメリカの租税システムは制度疲労を起こしている。

このような課題意識の下，2014年ディスカッション・ドラフトは，以下のような法人税，国際課税改革を提起した。第1に，法人税の最高税率を当時の35％から25％に引き下げる。第2に，アメリカ多国籍企業の海外子会社からの本国への配当還流に対して95％の所得控除を適用し，実質的に全世界所得課税から領域主義課税へ転換する。第3に，欧州諸国のパテント・ボックス課税に対抗するため，有形固定資産の10％を超える所得を無形資産から派生する所得と見なし，これら所得に対して50％の所得控除で軽課する。いずれも，TCJAに盛り込まれた内容と軌を一にする提案である。

上記のようなキャンプ歳入委員長の提案を受けて，翌2015年には，ロブ・ポートマン（Rob Portman，共和党，オハイオ州），チャック・シューマー（Chuck Schumer，民主党，ニューヨーク州）を共同議長とする国際課税改革に関する超党派作業グループが上院財政委員会に設けられ，当時のオバマ政権，財務省を含めた政府関係者，シンクタンク，業界団体等に対するヒアリングを経て国際課税改革に関する最終報告書がとりまとめられた。その概要はおおむねキャンプの2014年ディスカッション・ドラフトの提起を肯定的に評価したものであった（Portman and Schumer（2015））。

このような超党派での法人税，国際課税改革の動きに対して，当時のオバマ政権と財務省は，現行税制からの転換に対して以下のような懸念を表明した（The White House and the Department of Treasury（2016））。すなわち，第1に，アメリカの法人税率が国際的に高い水準にあることは認めつつも，州・地方政府も含めた実効税率ベースでみれば法人税率は極端に高いわけでない。第2に，

125

アメリカ企業に対する現行の全世界所得課税は，各国との企業情報の共有の強化により，多国籍企業の租税回避行為に対する課税を強化することで対応可能であり，課税権を放棄すべきではない。第3に，欧州諸国で進行しているパテント・ボックス課税にアメリカが対抗して算入することは，国際的な課税レジームの効率性を損なう可能性が高く，現行の租税制度で実施されているR&D投資に対する税額控除で対応する方が望ましい。総じて，オバマ政権と財務省のスタンスは，現行の法人税，国際課税システムの改変が，他の先進諸国が展開している「底辺への租税競争」にアメリカもまた一国主義的に参画することを懸念し，国際的な租税協調を導くアメリカのリーダーシップを保持し続けるべきという現状維持的なものであった。

　以上のような，2010年代の政策論争とTCJAとの対比を整理したものが第3表である。同表からは，第1に，2014年のキャンプによるディスカッション・ドラフトがひな型となってTCJAの法人税，国際課税改革に継承されていること，2016年のオバマ政権，財務省のレポートは，TCJAにつながるアメリカの法人税，国際課税改革のトレンドの傍流，守旧派に位置する存在であったことが読み取れる。

第3表　法人税・国際課税改革に関する2010年代の諸提案とTCJAの比較

	2014年税制改革法 ディスカッション・ドラフト	2016年オバマ・財務省 レポート	TCJA
法人税率	最高税率を段階的に25％に引き下げ	最高税率を28％に引き下げ	比例税率21％
海外子会社からの配当還流に対する課税	海外子会社からの配当の95％を所得控除	領域主義課税への転換には反対 ミニマム課税による海外留保所得への課税対応を提案	領域主義へ転換し，海外子会社からの配当還流を課税対象としない
無形資産に対する課税	有形固定資産の10％超の所得を無形資産から派生する所得と見なして50％の所得控除で課税	パテント・ボックス課税を「底辺への競争」を促進するとして批判	有形固定資産の10％超の所得を無形資産から派生する所得と見なして50％所得控除で課税

歳入中立原則	歳入中立原則を維持	歳入中立原則を維持	歳入中立原則を放棄（10年間で1.5兆ドルの赤字を前提とした改革）

出所）JCT（2014），The White House and The Department of Treasury（2016），Avi-Yonah, et. al.（2019），より筆者が作成。

しかしながら，第2に，同表からは，2010年代の政策論争とTCJAとで大きな相違点があったこともまた確認できる。すなわち，前者が「歳入中立」，代替財源の確保を前提とした税制改革を構想していたのに対して，TCJAがその立場を放棄しているという点である。法人税率の引下げ，海外子会社の留保所得に対する課税権の放棄（領域主義への転換），パテント・ボックス課税に対抗する無形資産への優遇措置，これらはいずれも大幅な歳入減をもたらす政策であり，その代替財源の展望が示されることなしには実現困難な課題であった。言い換えれば，TCJA以前の政策論争において，法人税，国際課税の抜本的な転換が構想されながら実現に至らなかったのは，オバマ政権の抵抗もさることながら，その代替財源の確保をめぐって超党派での一致をみることが適わなかったからであった。この点で，過去の法人税率引下げ，国際課税改革をめぐる税制改革議論が大筋でその基本的方向性について一致をみていながらその立法化に至らなかった最大の理由が代替財源の確保にあったことに鑑みると，歳入中立＝財政赤字中立の原則を一蹴したトランプの役割はTCJA成立において絶大であったといえよう[6]。

Ⅳ OECDのBEPSプロジェクトとTCJA

最後に，OECDの税源浸食・利益移転プロジェクト（Base Erosion and Profit Sharing, 以下BEPSと略）による国際課税ルールの改革との関連で，TCJAの特徴について考えてみたい。

Herzfeld（2017）は，BEPS行動計画とTCJAの国際課税の諸規定とを対比して次のように整理している。第1に，BEPS行動計画2において提起されているハイブリッド・ミスマッチに関して，TCJAは領域主義への転換に伴い海外子会社の配当を非課税としたが，ハイブリッド証券の配当の扱いについては

依然グレーゾーンとなっており，さらに，非課税となる配当が法人税の課税対象となる通常法人に限定されていることから，事業体ミスマッチに関してもグレーゾーンが残されている。第2に，BEPS 行動計画3において提起されている外国子会社合算税制（CFC 税制）について言えば，TCJA は，CFC 税制の根幹であるサブパート F 条項を残した上で，BEAT，GILTI 等の新規税を設けており，より厳格なシステムとなっているとの評価を与えている。第3に，BEPS 行動計画4に示されている支払利子に関しては，支払利子の制限が EU 指令以上に厳格化されているとして高く評価している。第4に，BEPS 行動計画5における有害な租税慣行においては，FDII が EU 諸国のパテント・ボックスへの対抗手段として設けられたことにより，アメリカの租税システムの一国主義的側面の進展に懸念を示している。第5に，BEPS 行動計画8～10に関わる移転価格税制の側面から言えば，多国籍企業グループ内の複雑なリスクコントロールを課税当局が詳細かつ細分化した形で管理するという BEPS のアプローチとは異なり，GILTI，BEAT（さらには FDII）においては，多国籍企業の所得把握においてより簡素化されたアプローチを採っており，今後の国際課税改革にとって示唆に富む内容となっているとの評価を与えている。

　以上のような Herzfeld の指摘は，BEPS の個々の行動提起にしたがってより詳細に検討されるべきではあるが，こうした課題は今後の検討に委ねることとし，敢えてこの指摘を踏まえて TCJA の国際課税システムに及ぼすインプリケーションとして要約すれば以下2点を指摘することができるだろう。第1に，TCJA は，覇権国型とも呼ぶべき従来のアメリカの国際課税のスタンスを大きく一国主義へと変化させる要素を盛り込んでいる。法人税率の大幅引下げ，領域主義への転換による海外子会社からの配当還流に対する課税権の放棄，GILTI，FDII に象徴される無形資産所得の差別的軽課措置，といった諸改革は，いずれも EU 諸国をはじめとした先進諸国に対して，対等な競争相手として国際的租税競争への参画を表明したものといえよう。第2に，アメリカが TCJA により一国主義的な国際租税システムへ舵を切ったがゆえに，OECD や EU との租税政策の溝が埋まり，国際的租税協調の可能性が逆に高まったということである。Morse（2018）は，TCJA は，先進諸国との租税競争をより意識したが

128

ゆえに，アメリカの国際課税システムをより租税協調を促す方向へと変化させたと指摘している。

こうした Morse の指摘は，近年 OECD，G20 においてホット・イシューとなっているデジタル課税においてもみることができる。OECD は，BEPS 行動計画 1 においてデジタル経済の進展に伴う国際的な課税ルールの必要性を提起しつつも，こうした課題は，「恒久的施設（Permanent Establishment, PE）なくして課税なし」というネクサス・ルールの改変，各国における利益配分原理の構築，という根本的課題を伴うことから，BEPS の範囲を超えた論点であるとしてより中長期的な視野で考えるべきとのスタンスをとってきた（篠田（2018））。しかしながら，2019 年に入り，OECD はデジタル課税の統一的な国際ルールの必要性を提起し（OECD（2019b）），アメリカの TCJA における GILTI，FDII をひな型として想起させる国際的統一ルールの原案とする Public Consultation Document を提出した（OECD（2019a））。

すなわち，OECD（2019a）は，第 1 に「PE なくして課税なし」とする従来のネクサス・ルールから転換し，当該諸国での一定の売上げの存在によってネクサスの存在を認める新たなネクサス・ルールを提起し，第 2 に統一的な国際ルールに服する課税対象を，プラットフォーム企業など特定の業種に限定することなく，広く多国籍企業の無体資産から派生する収益とすること，第 3 に一定の利益率を超える超過利潤をもって無形資産から派生する所得と見なすことを提起している。このような内容は，OECD（2019b）において提起された 3 つの代替案のうち，アメリカが提案したとされるプランに収斂したもので，とりわけ前述の第 2，第 3 の無形資産所得の定義と算定手法は TCJA における GILTI と酷似している。その詳細と収斂動向は今後の推移を見守るしかないが，TCJA の成立を画期として，無体資産から派生する所得に対する国際的な統一ルール構築に向けた動きが急速に進展していることは注目すべきであろう。

V　おわりに

以上に見てきた TCJA の国際課税改革の特徴は，おおむね以下のようにまとめられよう。すなわち，国境を越えた企業活動の収益のうち，通常収益に関し

ては，全世界所得課税から領域主義課税へと転換し，これまで海外子会社に留保されてきた所得のアメリカ国内への還流を，これら所得への課税権の放棄により促すこと，他方で，無形資産に派生する所得については上記と区別して，全世界所得課税の対象とする一方で，軽課措置により優遇し，無形資産それ自体を本国に囲い込もうとする。[7]

　こうした TCJA の国際課税改革は，法人税率の大幅引き下げと相まって，EU 諸国をはじめとした先進諸国において先行してきた企業課税をめぐる「底辺への競争」に，遅ればせながらアメリカもまた算入することの宣言とも評することができよう。この意味で，TCJA は，消費大国であるがゆえに自国の相対的に高い法人税率を保持し，多国籍企業のグローバル展開に全世界所得課税で対応してきた「覇権国型」の税制から，他の先進諸国と対等に競争し合う「一国主義型」の税制への転換と捉えることができるのではないか。ただし，「一国主義型」への転換とはいっても，超大国アメリカが与えるインパクトはきわめて大きい。この点で，TCJA が多国籍企業の行動様式，さらには他の諸国の税制や国際的な租税ルールにいかなる構造的な変化を促すのか，注視していく必要があろう。

注
1) 本稿は科研費（課題番号 18K11827 研究種目基盤研究（C）「『チャイナ・トレード・ショック』とアメリカ製造業：労働・中間層対策・通商・地域」）の助成を受けた研究成果の一部である。また，本稿は，2019 年 9 月 29 日に日本国際経済学会第 78 回全国大会企画セッションにて行った報告とそこでの討論から得た知見を踏まえて，日本租税理論学会 2018 年度研究大会での報告を加筆修正したものとなっている。そのため，河音（2020）と一部重複する箇所があることを御了解いただきたい。

2) 議会共和党の国境調整税については，河音，篠田（2018）を，TCJA が財政赤字拡大を前提とした減税立法として制定されるに至った過程については，河音（2020），Cary and Holmes（2019）を，それぞれ参照されたい。

3) FDII については，直接税である法人課税において仕向地主義原則を採用していることから，WTO 協定に違反しているとの批判がある（Avi-Yonah, et. al.（2019），pp.1499-1503）。これに対して，TCJA の立法推進者たちは，GILTI と FDII とが一体のものであるとの理解に立脚し，FDII は GILTI との課税上の公平性を担保するための制度であるとの論理から，WTO には抵触しないとの見解を示している。

4) TCJA の無形資産課税と欧州諸国におけるパテント・ボックス課税との課税方式の違

いは，プラットフォーム企業をはじめとした多国籍企業のデジタル・コンテンツから派生する所得に対する課税，いわゆるデジタル課税のあり方についても重要な論点を提示している（篠田（2019））。この点についてはⅣで検討する。

5) 一時的な海外子会社からの配当還流に対する軽課措置とその経済的評価について，より詳しくは，河音（2020）を参照されたい。

6) TCJA成立に果たしたトランプ及び同政権の果たした政治的役割については，河音（2020），Cary and Holmes（2019）を参照されたい。

7) Pomerleau（2018）は，こうしたTCJAの国際課税のスタンスを，通常事業活動からの所得に対する領域主義，無形資産から派生する所得に対する全世界所得課税という，新たなハイブリッド・アプローチと特徴づけている（pp.11-12）。

参考文献一覧

・ Avi-Yonah, R., D. Kamin et al. (2019) "The Games They Will Play: Tax Games, Roadblocks, and Glitches under the 2017 Tax Legislation," *Minnesota Law Review*, Vol. 103 No. 3, pp.1439-1521.

・ Baucus, Max (2013) *Summary of Staff Discussion Draft: International Business Tax Reform*, Senate Finance Committee, Nov. 19.

・ Cary, P. and A. Holmes (2019) "The Secret Saga of Trump's Tax Cuts," *The Center for Public Integrity*, Apr. 30 (https://publicintegrity.org/business/taxes/trumps-tax-cuts/the-secret-saga-of-trumps-tax-cuts/).

・ Congressional Budget Office (CBO) (2018) *How Taxes Affect the Incentive to Invest in New Intangible Assets*, Nov.

・ DeBonis, Mike and Erica Werner (2017) "How Republican Pulled off the Biggest Tax Overhaul in 30 Years," *The Washington Post*, Dec. 20.

・ Edsall, Thomas B. (2017) "You Cannot Be Too Cynical about the Republican Tax Bill," *The New York Times*, Dec. 21.

・ Gale, William G., Hilary Gelfond, Aaron Krupkin, Mark J. Mazur and Eric Toder (2018) *Effects of the Tax Cuts and Jobs Act: A Preliminary Analysis*, Tax Policy Center, Jun. 13.

・ Grubert, Harry and Rosanne Altshuler (2013) "Fixint the System: An Analysis of Alternative Proposals for the Reform of Internation Tax," *National Tax Journal*, Vol.66 No.3, Sept., pp.671-712.

・ Herzfeld, Mindy (2017) "New Analysis : The U.S. Congress Does BEPS One Better," *Tax Notes International*, Nov. 28 (https://www.taxnotes.com/featured-analysis/news-analysis-us-congress-does-beps-one-better/2017/11/17/1xbg7).

・ 日向寺 裕芽子，塩田 真弓（2018）「『トランプ税制改革』について」財務省『ファイナンス』2月号，pp.20-34。

・ 片桐正俊（2018）「米国2017年減税・雇用法（トランプ減税）の政策効果および法人課税改革の検討」篠原正博編『経済成長と財政再建』中央大学出版部。

- 河音琢郎（2020）「アメリカ 2017 年減税・雇用法（いわゆるトランプ減税）の企業課税，国際課税面の意義と課題」日本国際経済学会『国際経済』（近刊）。
- ―― （2019）「トランプ政権の減税政策――大規模税制改革のねらいと影響」『経済』第 280 号，1 月，57-67 頁。
- ――，篠田剛（2018）「国境調整税の理論と政策」立命館大学経済学会『立命館経済学』第 67 巻，第 2 号，7 月，1-18 頁。
- Morse, Susan C. (2018) "International Cooperation and the 2017 Tax Act," *The Yale Law Journal Forum*, Oct. 25, pp.362-382.
- Office of Management and Budget (OMB) "Tax Expenditure," *The Budget of the United States Government: Appendix*, various issues.
- Organization for Economic Co-operation and Development (OECD) (2019a) *Public Consultation Document : Secretariat Proposal for a "Unified Approach" under Pillar One*, Oct. 9.
- ―― (2019b) *Base Erosion and Profit Shiting Project: Public Consultation Document: Addressing the Tax Challenges of the Digitalisation of the Economy*, Feb. 13.
- Pomerleau, Kyle (2018) "A Hybrid Approach: The Treatment of Foreign Profits under the Tax Cuts and Jobs Act," Tax Foundation, *Fiscal Facts*, No.586, May.
- Portman, Rob and Chuck Schumer (2015) *International Tax Reform Working Group: Final Report*, U.S. Senate, Finance Committee, Jul. 7.
- 瀬古雄祐（2019）「トランプ政権下のアメリカにおける 2017 年税制改革の概要及び影響」国立国会図書館調査及び立法考査局『21 世紀のアメリカ――総合調査報告書（調査資料）』3 月 19 日，41-56 頁。
- Setser, B. W. (2019) "$ 500 Billion in Dividends out of the Double Irish with a Dutch Twist: With a Bit of Help from Bermuda," Council on Foreign Relation, *Follow the Money*, Aug. 12 (https://www.cfr.org/blog/500-billion-dividends-out-double-irish-dutch-twist-bit-help-bermuda).
- 篠田剛（2019）「デジタルエコノミーと課税――プラットフォーム企業と国際課税レジーム」立命館大学経済学会『立命館経済学』第 67 巻，第 5・6 号，3 月，118-129 頁。
- Smolyansky, M., G. Suarez, and A. Tabova (2019) "U.S. Corporations' Repatriation of Offshore Profits: Evidence from 2018," *FEDS Notes*. Washington D.C.: Board of Governors of the Federal Reserve System, Aug. 6, (https://www.federalreserve.gov/econres/notes/feds-notes/us-corporations-repatriation-of-offshore-profits-20190806.htm).
- Toder, Eric (2017) "Territorial Taxation: Choosing among Imperfect Options," *AEI Economic Perspectives*, Dec., pp.1-8.
- ―― and Alan D. Viard (2016) *A Proposal to Reform the Taxation of Corporate Income*, Tax Policy Center.
- U.S Congress, House, Committee on Ways and Means (2014) *Tax Reform Act of 2014*, (https://www.congress.gov/bill/113th-congress/house-bill/1).
- U.S. Congress, Joint Committee on Taxation (JCT) (2017a) *Estimated Revenue Effects of the Chairman's Modification to the Chairman's Mark of the 'Tax Cuts and Jobs Act,'*

Scheduled for Markup by the Committee on Finance, Nov. 15, JCX-57-17.
- —— (2017b) *Background and Selected Policy Issues on International Tax Reform*, Sept. 28, JCX-45-17.
- —— (2014) *Technical Explanation of the Tax Reform Act of 2014, a Discussion Draft of the Chairman of the House Committee on Ways and Means to Reform the Internal Revenue Code: Title Four: Participation Exemption System for the Taxation of Foreign Income*, Feb. 26, JCX-15-14.
- U.S. Congress, Senate, Committee on Finance (2010) "Tax Reform Lessons from the Tax Reform Act of 1986," *Hearing before the Committee on Finance*, 111th Congress, 2nd Session, Sept. 23.
- The White House and The Department of Treasury (2016) *The President's Framework for Business Tax Reform: An Update*, Apr.
- 吉弘憲介（2016）「オバマ政権下の包括税制改革提案を巡る議論とその特徴——第112議会における下院歳入委員会提出報告書を題材として」桃山学院大学『桃山学院大学経済経営論集』第57巻第3号，3月，67-99頁。

＊本参考文献で記した Web サイトのリンクはすべて 2019 年 11 月 4 日時点においてアクセス，確認済みである。

2 ドイツにおける近年の企業税改革について

安 井 栄 二
(立命館大学)

I はじめに

　近年進められている法人税改革は，法人税率の引下げを至上命題としている。これは，我が国の法人税率が国際的にみて高く経済成長を阻害している，という経済界からの強い批判に政府が応える形で進められている。法人税率は，2000年代に入って長く30％であったものが，2012年以降順次引き下げられ，2018年には23.2％となった。これに伴い，法人事業税等も含めた法定実効税率は，40.69％から29.74％まで引き下がった。

　一方で，巨額の財政赤字を抱える日本政府にとって，単純な法人税率の引下げは全体の税収減となり，さらなる財政赤字につながることになる。そこで，法人税率の引下げの財源確保策として，様々な課税ベースの拡大措置が合わせて実行されている。例えば，繰越欠損金の利用制限，受取配当等益金不算入制度の制限，減価償却制度の見直し，租税特別措置の見直しなどが挙げられる。また，法人事業税においては，大企業に限った外形標準課税の拡大措置もみられる。

　このような法人税率を低くしたうえで課税ベースを広げるという考え方は専門家らの間で広く受容され，諸外国の法人税制も近年そのような方向に向かいつつあるとされる。[1]　そのため，世界では，いわば「企業立地の競争力」強化の競争が行われている状況にある。この点，我が国と同様の工業輸出国であるドイツも例に漏れず，近年，上記のような企業税改革が進められている。そこで，本稿では，ドイツにおける近年の企業税改革と直近の企業税改革に関する議論を紹介する。ドイツの企業税改革の動向を検討することは，我が国の法人税改

革のあり方に一定の示唆を与えてくれるものと思われる。

　また，我が国の法人税法において，欠損金額は翌事業年度から10年間繰り越すことができ，その間の事業年度において所得金額が生じた際に損金の額に算入することができるが，資本金額が1億円を超える普通法人が損金の額に算入することができる額は，当該事業年度の所得金額の50％に限られている（法人税法57条1項）。このような繰越欠損金の利用制限は，我が国の平成23年12月税制改正において，当初当該事業年度の所得金額の80％までを損金算入の上限とする内容で導入された。その後，課税ベースの拡大措置の一つとして[2]，平成27年度税制改正および平成28年度税制改正において，損金算入の上限が50％にまで引き下げられてきた[3]。

　しかし，繰越欠損金とは，そもそも法人の事業年度がその法人の所得金額を算定するために人為的に設けられた期間に過ぎない[4]ことに由来するものである。すなわち，たまたま事業年度が区切られてしまったために，その前後で所得と欠損が生じた場合にこれを通算できないとすると，所得のないところに課税をする結果となってしまうからである。

　そうすると，繰越欠損金の損金算入をそのような形で制限して良いのかという問題が生じる。この点，ドイツでも，繰越欠損金を翌事業年度以降の所得金額の計算上損金に算入できるのは，当該年度の所得金額100万ユーロまでの全額と100万ユーロを超える部分の60％のみとなっており，繰越欠損金の損金算入には一定の制限が存在している。しかし，ドイツでは，このような繰越欠損金の損金算入制限を巡って，このような制限が客観的純額主義（objektives Nettoprinzip）に反し違憲ではないかとの訴訟[5]が行われた。そこで，本稿では，ドイツの繰越欠損金制度を概観し，我が国の制度と比較することで，我が国の制度の問題点を検討することにしたい。

Ⅱ　ドイツの近年の企業税改革の概要

1　2008年企業税改革の目的

　近年のドイツの企業税改革としては，「2008年企業税改革」（Die Unternehmensteuerreform 2008）が挙げられる。この改革の目的として，ドイツ連邦財

務省（Bundesministerium der Finanzen：BMF）は，以下の4点を挙げている。[6]

---

① 直接投資地としてのドイツの魅力を高めると同時に，租税上の形成
（Steuergestaltungen）に対抗する。
② 企業の法的形態の違いによる税負担の中立性を確保する。
③ 市町村税収の安定化と課税の透明性の向上。
④ 個人資産の資本所得課税改革。

このように，ドイツにおいても，「企業立地の競争力」強化のための改革を
行うということが表明されているのである。それでは，そのような目的の下，
ドイツではどのような改革が実施されたのか，みていきたい。

2 2008年企業税改革の概要

（1）法人税・営業税率の引下げ

ドイツにおける企業所得に対する課税は，国税としての法人税と地方税とし
ての営業税があるが，2008年企業税改革において，それぞれ引き下げられた。
具体的には，法人税率が25%から15%に，営業税の基準税率が5%から3.5%[7]
に引き下げられた。これに伴って，企業所得に対する法定実効税率は，38.65%
から29.83%となった。ドイツ連邦財務省は，「これにより，ドイツは外国投資[8]
家や国内投資家にとってより魅力的となる。」と述べている。[9]

（2）課税ベースの拡大措置

このような法人税・営業税率の引下げによって，年間198.4億ユーロの減収
が見込まれていた。そこで，2008年企業税改革においては，同時に課税ベース[10]
の拡大措置が講じられた。

まずは，営業税の損金不算入化である。従来，ドイツでは法人税の課税標準[11]
を算定する際に営業税を控除することが認められていたが，2008年企業税改
革においてその控除が認められなくなった（EStG4条5b項）。これによる増収
見込みは，年間114.45億ユーロである。[12]

次に，支払利息の損金算入の制限である。これは，一年間の「支払利息－受
取利息」の金額が「基準利益額」の30%を超えている場合，その超過額は当該[13]

136

2　ドイツにおける近年の企業税改革について

年度の損金に算入できないというものである（EStG4h 条，KStG8a 条）。ただし，控除できなかった支払利息額については，翌期以降に繰り越すことが可能である。また，「支払利息－受取利息」の金額が年間 100 万ユーロ以内[14]の場合は，本条項は適用されない。これによる増収見込みは，年間 14.75 億ユーロである[15]。

　その他，減価償却制度における定率法の廃止（増収見込みは年間 33.65 億ユーロ）や，繰越欠損金の損金算入の制限措置の変更（増収見込みは年間 14.75 億ユーロ）等の改革により，2008 年改革全体では，年間 50.1 億ユーロの減収（うち，法人税は年間 18.55 億ユーロの減収）に留まるとされた[16]。

(3)　2008 年改革後の法人税収予測と実績

　このような改革により，ドイツの法人税収はどのように変化したのか。BMF は，以下のように 2008 年からの向こう 5 年間の法人税収の予測値を公表している。

表 1　2008 年改革後の法人税収予測値[17]（単位：百万ユーロ）

年度	2008	2009	2010	2011	2012
予測値	15,900	17,900	20,900	23,600	25,200

　BMF は，改革直後は税収が落ち込む[18]ものの，名目税率の引下げに伴う企業立地の競争力強化により投資が促進され，2011 年度以降は 2007 年度の法人税収を上回ると推計していた。

　これに対して，実際の法人税収の推移は以下の通りである。

表 2　2008 年改革後の法人税収実績値[19]（単位：百万ユーロ）

年度	2008	2009	2010	2011	2012
実績値	15,868	7,173	12,041	15,634	16,932
年度	2013	2014	2015	2016	2017
実績値	19,941	20,400	19,583	27,500	29,259

　2008 年の改革後 5 年間は，当初の予測に比べて大幅に法人税収が落ち込んでいる。これは，2008 年のリーマンショックを受けて，世界的な景気後退を受けた経済状況を反映していると思われる。そして，その後の景気回復とドイツ

137

経済の好調さが相俟って，近年のドイツの法人税収は好調であるといえる。このようにみてみると，2008年の企業税改革は，現時点において，ドイツの「企業立地の競争力」強化に資するものであったと評価できると思われる。

3　小　括

このように，ドイツの2008年企業税改革は，「企業立地の競争力」強化のため，法人税率および営業税率を引き下げる一方で課税ベースを拡大するものであった。その結果，途中リーマンショックによる税収減はあったものの，ドイツの法人税収はその後の景気回復を反映して極めて好調であり，現段階においてドイツにおける上記改革は成功であったと評価できると思われる。

しかし，企業を取り巻く環境は日々変化し，企業税を含む税制は常に改革を求められ，それに伴う改革議論に終わりはみられない。それでは，現在，ドイツにおいて企業税改革に関してどのような議論が行われているのであろうか。以下では，2018年に発表されたドイツ企業税改革に関する論文を2つみていきたい。

Ⅲ　ドイツ企業税改革に関する直近の議論

1　Wolfgang Haas / Monika Wünnemann の見解
(1)　前　提[20]

Haas / Wünnemann は，"Steuerpolitik in der 19. Legislaturperiode" という論文の中で，議論の前提として以下の点を指摘している。

- ・OECD の BEPS プロジェクトが開始されて5年経つが，その目的の一つである「有害な税競争の撲滅」は未だ達成されていない。
- ・それどころか，Brexit の結果としてイギリスが発表した税制改革案によって，既に新たな租税競争が始まっており，多くの EU 諸国は法人税率を25％以下に引き下げた。
- ・これに加えて，アメリカが実施した税制改正（法人税率の引下げと減価償却制度の変更）によって，租税競争は一段と激しくなっている。

このような状況を踏まえて，Haas / Wünnemann は，世界では新たな租税

競争（立地競争）が始まっていて，工業輸出国であるドイツはこのような競争から逃れることはできない，と主張している。

　そして，ドイツの状況に目を転じると，良好な経済を背景に，連邦政府や州政府および地方自治体の税収は極めて良好であると述べている。具体的には，2017 年度の法人税収は，前年度比 6.3%増の 293 億ユーロとなり，政府全体（地方含む）の税収は，BMF の月次報告書によれば，2017 年の 7,345 億ユーロから，2022 年には 8,896 億ユーロに増加すると予測されている。

（2）提　　案

　このようなドイツの状況から，Haas / Wünnemann は，ドイツにおいてさらなる法人税率の引下げが可能であり，それに加えて，以下の 3 点の改革が必要であると主張している。

①　タックスヘイブン対策税制の改革[23]

　まず，タックスヘイブン対策税制（以下，「CFC 税制」という。）については，適用対象国の判定税率を現状 25%から 15%に引き下げるべきと主張している。というのも，他の EU 加盟国の平均法人税率は 21.5%であり，既に 25%を下回っていて，2017 年税制改革後のアメリカなど多くの第三国にも同様のことが当てはまり，現状の基準が維持された場合，これらの国々はすべて，ドイツにおいて CFC 税制の適用対象国となってしまうからである。そして，ドイツにおいては，外国税額を完全に控除できる制度が存在しないため，現状では純粋な国内取引に比べ外国取引に対する税負担が重くなってしまうことになり，これは CFC 税制の意図と矛盾すると主張している。

②　研究促進税制の導入[24]

　次に，研究促進税制については，EU の多くの国が既に導入しており，特にフランスでは，研究開発に係る人件費の 30%を税額控除することが認められている。このような研究開発に対する税制優遇措置がプラスの効果を持つことを実証する研究結果もあるとされる[25]。ドイツでは，産業のデジタル化の課題と従来型製品の技術的変化の問題に直面しており，研究開発投資への需要が高まっている。そこで，Haas / Wünnemann は，研究開発に係る人件費 10%の税額控除化を提案している。対象を人件費に限ることで，財政的影響を年間 22

億ユーロに抑えることができ，短期的な税収減も長期的には雇用の増加による
税収でカバーできると主張している。

③　営業税の改革[26)]

　最後に，Haas / Wünnemann は，営業税の改革についても次のような主張
をしている。近年，ゲマインデ（地方自治体）が定める「乗率」が上昇しており，
その結果現在では，営業税負担はドイツ企業の税負担全体の約半分を占めるま
でに至っている。さらに，支払利息の 25％が営業税上損金不算入となったり
（営業税の外形標準化），CFC 税制の適用によって加算される収益が営業税上は
国内の恒久的施設において発生したものとみなされ，当該収益に対応する外国
税額が控除できないといった問題があると指摘している。そのため，営業税の
改革が必須であり，営業税の税率を引き下げることができないにしても，最低
限，営業税の外形標準化の廃止または制限を行うべきであると主張している。

2　Sebastian Eichfelder の見解

(1)　前　提[27)]

　他方，Eichfelder は，"Braucht Deutschland eine neue Unternehmensteu-
erreform?" という論文の中で，Haas / Wünnemann 等が主張している企業税
改革の必要性について疑義を呈している。Eichfelder は，2017 年のアメリカの
税制改革以降，改革派がドイツ企業税の構造改革を求め様々な改革案を提言し
ていることに触れたうえで，1990 年代後半以降のドイツの企業税改革により，
企業収入や資本所得への税負担の大幅な軽減と労働収入や消費支出への税負担
の増加という結果を招いたことを批判している。また，改革派が，ドイツの良
好な財政状態を背景に企業税負担の軽減を求めているのに対して，ドイツ連邦
政府の債務残高が依然高止まりしていることと，将来的な歳出増加を考慮する
必要があると苦言を呈している。そこで，Eichfelder は，この論文において，
租税競争が企業課税に及ぼす影響や租税負担の配分の問題を検討することによ
って，企業の税負担を軽減する必要性と要望について批判的に問うこととして
いる。

2 ドイツにおける近年の企業税改革について

(2) 租税競争と改革の必要性[28]

① 経済地理学の研究

　Eichfelder は，まず，企業の立地と投資の決定において税制がどこまで重要性を持つのかを問題としている。Ifo-Institut Dresden による企業調査によれば，企業立地の考慮要素として「税制」は5番目であり，それより重要な要素として，熟練労働者の存在，顧客の近接の度合い，賃金水準，輸送インフラの供給状況が挙げられている[29]。また，上記調査より多くの企業立地要因の項目を考慮に入れたドイツ復興金融公庫の調査によれば，すべての項目の中で「税制」は中位くらいに位置するとされている[30]。このような調査を受けて，Eichfelder は，税制が企業の立地決定，特に外国直接投資に重大な影響をもたらしうることは認めつつも，その影響を過大評価するべきではないと主張している。

　さらに，Paul Krugman の経済地理学の理論によれば，税金は経済圏の魅力の価格と解釈することができるとされる[31]。Eichfelder は，この理論が以下のような事実から正当化されると述べている。

・ドイツにおいて経済的に魅力的な都市は，農村地域の経済的に魅力的ではない集落よりも，営業税の乗率が大幅に高くなっている。特に，ミュンヘン（490%），ハンブルク（470%），フランクフルト（460%）などの地方都市では高い割合がみられる。

・大規模で経済的に魅力的な国は，通常，市場が小さく魅力的でない国よりも，法人税が大幅に高くなる。例えば，ドイツ（29.83%），フランス（34.43%），イタリア（27.9%），日本（34.38%），アメリカ（NY州，39.23%）は，ブルガリア（10%），ポーランド（19%），ルーマニア（16%），チェコ共和国（19%）などの小規模な東欧諸国に比べて有意に高かった。

・魅力的な経済圏（カリフォルニア，ニューヨーク）を持つアメリカは，長年にわたって企業に高い法人税負担を強いてきたが，その成長や経済的重要性を著しく損なうことはなかった。特に，デジタル経済をリードするモバイル企業（Apple，Google，Facebook）が過去15年間にカリフォルニア州に本社を置き，世界的にも高い法人税を負担してきた。

しかしながら，現実的に近年諸外国が法人税率の引下げを断行していること

141

から，以下では，競争相手としてのアメリカと欧州諸国に分けて検討をしている。

②　アメリカとの租税競争

まず，アメリカの状況であるが，2017 年の "Tax Cuts and Jobs Act" による法人税率の引下げと減価償却資産の即時償却制度の導入によって，アメリカにおける企業の実効税負担割合が 25% 未満となるとの主張として Haas/Wünnemann の上記の論文を参照している。しかし，同時に税源侵食濫用防止税（Base Erosion and Anti-Abuse Tax[BEAT]）や低課税国における無形資産所得（Global Intangible Low-Taxed Income）の合算課税が導入されたことから，総合的に考慮すると，企業の「本社」の立地要因としての魅力は下がっていると Eichfelder は主張している。さらに，アメリカの現政権の中国や EU との貿易戦争による不確実性は，アメリカの企業立地としての魅力を弱めるはずであるとも述べている。在独米国商工会議所の調査によれば，調査対象のドイツ企業の 42% がアメリカの魅力が低下すると予想し，調査対象のドイツ企業の 18%，調査対象のアメリカ企業の 6% が実際にアメリカでの投資活動を縮小していると回答したとされる[33]。

③　欧州における租税競争

次に，欧州諸国の状況であるが，欧州諸国の名目上の法人税率は，イタリア（27.8%），イギリス（17%），フランス（28.9%）であり，ドイツ（29.8%）を軒並み下回っている。さらに，今後も法人税率の引下げが予定されている（ベルギー（2020 年 29.9% → 25.8%），フランス（2022 年 28.9% → 25.8%），ギリシャ（2019 年 29% → 26%），オランダ（2021 年 25% → 21%））。しかし，Eichfelder は，ドイツがこの流れに追随すべきでないと主張する。というのも，過去 10 年間におけるドイツ経済の発展は，イタリアやフランスを凌ぐものであり，「経済的に弱く魅力もなくただ法人税を引き下げるだけの国とドイツを混同してはならない。」と述べている。さらに，ドイツが欧州諸国に及ぼす影響として，ドイツの法人税率の引下げは，フランスとイタリアにさらなる引下げ圧力を加えることになり，それは，欧州における法人税率の引下げ競争につながってしまい，長期的にはドイツの法人税収を危うくする結果となりうることを指摘している。

142

2　ドイツにおける近年の企業税改革について

⑶　租税負担配分と応能負担原則[34]

　ここまで，Eichfelder は，諸外国との租税競争という観点から法人税改革の必要性について検討してきたが，続いて，租税負担の配分はどうあるべきか，応能負担原則との関係で検討を加えている。

　まず，ドイツの総税収に占める企業税（法人税，営業税）と資産税（相続税，不動産税等）の割合の長期的な変化として，1950 年代初頭，企業税が約 17%，資産税が約 6%であったものが，2013 年～ 2016 年では，企業税が約 10%，資産税が約 4%となっていることが示されている[35]。次に，Thomas Piketty らの研究[36]により，ここ数十年にわたって富裕層に富と所得が急激に集中していることが広く知られるようになった。Bartels の研究[37]によれば，1960 年から 2013 年までの間に収入上位 10%の国民所得は 30%から 40%以上に増加した一方，収入下位 50%の全体に占める所得のシェアは 32%から 18%未満に減少し，特に 1990 年代半ば以降，所得の偏りが拡大しているとされる。

　このような状況を踏まえて，Eichfelder は，租税競争の圧力が高まりドイツにおいて企業税負担の軽減が必要となった場合には，応能負担原則の観点から，代替措置として配当やキャピタルゲインに対する課税の強化で調整すべきであると主張する。また，ドイツには欧州諸国が導入している金融取引税が存在していないとして，フランスにおける金融取引税を導入すべきであるとも主張している。税率が低く，市場の流動性を保護するための十分な措置が講じられれば，金融取引税が取引活動の大きな歪みをもたらさないとの研究結果があること[38]から，たとえ税収がそれほど期待できないとしても，ドイツの税制にとって有益であると述べている。

3　小　括

　このように，企業税の改革を巡っては，ドイツにおいても我が国でみられるような論争があり，企業の税負担を軽減すべきとする見解と強化すべきとする見解が対立している。2008 年企業税改革の結果を踏まえると，前者の見解が正しいようにも思えるが，各国が法人税率を引き下げるようになると，OECD が危惧した「有害な税の競争」に突入するおそれが十分にあり，どちらの見解が

正しいかは早計に判断できない。これは，我が国の議論においても同様のことがいえよう。

また，ドイツ企業税改革の議論では，EU 諸国との関係が意識される。EU 域内の企業は EU 域内で自由に事業活動ができるため，EU 加盟国はその他の加盟国の企業税改革の影響を大きく受けるからである。そのようなこともあり，2010 年以降 EU 域内での法人税の調和が模索されてきた。具体的には，EU 加盟国の法人税の課税ベースを共通化し，税率のみを各国が独自に決めるというものである。EU 加盟国における法人税の課税ベースの共通化が実現すれば，EU 域内の企業にとって，税務関連費用の大幅な削減につながることが期待されるが，この問題は EU 各国の主権にかかわることであり，実現には至っていない。

このように，課税ベースをどの程度まで広げるかということは，各国にとって重要な問題である。このような課税ベースの広狭を左右するものとして，欠損金の法人税法上の取扱いが挙げられる。そこで，以下では，日独の欠損金の取扱いの異同について概観したい。

Ⅳ　繰越欠損金の日独比較

1　我が国の法人税法における欠損金の取扱いの概要

(1)　通常の欠損金の取扱い

まず，我が国の法人税法における欠損金の取扱いについて確認したい。

内国法人がある事業年度において欠損金を生じさせた場合，当該欠損金は，翌事業年度以降 10 年間繰り越すことができ，その間に生じた所得と相殺することができる（欠損金の繰越し，法人税法 57 条 1 項）。ただし，資本金 1 億円超の大法人に関しては，各事業年度において相殺できる欠損金は当該年度の所得の 50％に制限されている（同条 1 項，11 項）。

また，欠損金が生じた事業年度の前年度において所得があった場合には，前年度の所得と当該年度の欠損金を相殺することができる（欠損金の繰戻し，同法 80 条）。ただし，資本金 1 億円超の大法人に関しては，この規定が適用されない（租税特別措置法 66 条の 13）。

⑵　支配株主の変更に伴う繰越欠損金の消滅

　このように，我が国では法人がある事業年度において欠損金を生じさせても，翌事業年度以降10年間はそれを繰り越すことができ，その間の所得と相殺することが可能である。そうすると，新規で事業を行おうとする場合，新たに会社を設立して事業を開始するよりも，多額の欠損を有する法人を買収して，当該法人の名で事業を開始した方が，法人税負担を低く抑えることが可能となりそうである。しかし，このような欠損金の「利用」は，欠損金が前後の事業年度において所得と相殺される制度の趣旨に反するものである。

　そこで，平成18年度税制改正において，「特定株主等によつて支配された欠損等法人の欠損金の繰越しの不適用」と題する規定（法人税法57条の2）が創設された。[39]当該規定の要件は，①欠損法人の発行済株式等の総数の過半数を特定の株主が保有することとなり，②その後5年以内に同条1項各号に掲げられている事由（以下「特定事由」という）に該当することである。上記要件を満たすと，特定事由該当日の属する事業年度以後，それまでに生じた欠損金は消滅することとなる。この規定の趣旨が欠損法人の有する欠損金の濫用の防止であるため，[40]同項の特定事由としては，休眠状態の欠損法人が支配株主変更後に事業を開始したこと（1号）や，欠損法人が支配株主変更後にそれまで行っていた事業を廃止し，それまでの事業規模のおおむね5倍超の資金借入れまたは出資受入れを行うこと（2号）などが規定されている。

2　ドイツ法人税法における欠損金の取扱いの概要

⑴　通常の欠損金の取扱い

　これに対してドイツでは，企業の欠損金はどのように取り扱われるのであろうか。

　ドイツでは，ドイツ国内の法人がある事業年度において欠損金を生じさせた場合，我が国と同様に，当該欠損金を繰り戻したり，繰り越したりすることが可能である（EStG10d条）。欠損金の繰戻し（Verlustrücktrag）は，100万ユーロまで前年度の所得と相殺を可能とし（同条1項），欠損金の繰越し（Verlustvortrag）は，翌年度以降の所得との相殺を可能にするものであり，繰り越せる期間に制

限はない（同条2項）。ただし，我が国と同様に，所得との相殺には制限があり，相殺する欠損金が100万ユーロを超える場合は，その超える部分については60％までしか当該年度の所得との相殺が認められず，残りの40％部分の欠損金は翌年度以降に繰り越される。この取扱いは，2004年から適用されており，「最低課税（Mindestbesteuerung）」と呼ばれている[41]。

（2）外套売買（Mantelkauf）規制

また，我が国法人税法57条の2に相当する規定が，ドイツにおいても1990年以降存在している。ドイツでは，欠損法人の欠損金を利用するために当該法人を買収することを「外套売買（Mantelkauf）」と呼んでいるが，これを規制するために制定されたものが，現在は廃止されているKStG8条4項である。

その内容は，法的には同一性が維持されていたとしても，損失を被った時と損失を利用する時で当該法人の経済的同一性が維持されていない場合に，EStG10d条を不適用とするというものである。法人の経済的同一性が維持されているかどうかは，①当該法人の持分の半分以上が変動しているか，②当該法人が主に新しい事業資産で事業を継続または再開したか，によって判断することとされていた。しかし，この規定は，経済的同一性の「喪失」の判断時点や「事業資産」の定義が不明確であるとして[42]，廃止されることとなった[43]。

そこで，2007年に新たにKStG8c条が制定され，2008年以降適用されることとなった。この規定は，5年以内に出資比率25％超50％以下の持分変動があった場合，その変動した割合に比例して繰越欠損金が消滅し（同条1項1文），5年以内に出資比率50％超の持分変動があった場合，繰越欠損金全額が消滅するというものである（同項2文）。旧規定が要件規定の不明確さを批判されて廃止されることとなったため，この規定では，欠損法人の出資比率の変動という極めて形式的な判断基準が採用されることとなった。

しかし，この規定に対しては，ドイツ憲法から導かれるとされる客観的純額主義や法人税法上の分離原則（Trennungsprinzip）に反するといった批判がなされた[44]。そして，連邦憲法裁判所も2017年3月29日判決において，KStG8c条1項1文（出資比率25％超50％以下の持分変動のケース）は違憲であるとの判断を示したことから，2018年税制改正法により，KStG8c条1項1文は，2008[45]

年1月1日から2015年12月31日までの事業年度について遡及的に不適用とされた[46]。

2016年以降の事業年度については，2016年12月20日に成立した法律[47]により新設されたKStG8d条が適用されることとなる。その内容は，会社設立以来または出資持分譲渡以前の3事業年度にわたって同一の事業が維持され，譲渡後も当該事業が継続される場合，申請により繰越欠損金の存続が認められるというものである。すなわち，8c条の下では，ある法人が事業再生のために新たに出資を受けたケースであっても，出資比率が25％超変動すると，当該法人の繰越欠損金の一部または全部が消滅することとなっていたが，8d条の要件を満たす出資であれば，当該法人の繰越欠損金が存続することとなったのである。しかし，この規定の要件である「同一の事業の維持」という文言について，例えば，「事業」という概念が多義的であるといった指摘がされるなど，KStG8d条に対する様々な批判が存在する[48][49]。

3　我が国との比較

(1)　いわゆる「最低課税」と繰越欠損金の期限切れ

ここまで，ドイツにおける欠損金の取扱いについて概観してきたが，我が国の取扱いと比較してみたい。

まず，ドイツにおいて，いわゆる「最低課税」が客観的純額主義に反するのではないかとの議論があり[50]，その合憲性を巡って訴訟も提起された。連邦財政裁判所（Bundesfinanzhof）は，2012年8月22日判決において「いわゆる最低課税は，その基本的な考え方において憲法に違反していない。」と述べて，「最低課税」の合憲性を認めている[51]。ただし，その理由として連邦財政裁判所は，繰り越された欠損金と所得との相殺が「最低課税」によって認められない部分が生じたとしても，その部分は次年度以降の所得と相殺することが可能であることを挙げている。すなわち，欠損金と所得との相殺が時間的に繰り延べられるだけであるから，最低課税は客観的純額主義に反するものではなく，憲法に反しないということである。

そうすると，当該企業が倒産するなどして解散した場合，当該欠損金は永久

に「消滅」することになるが，そのような場合には「違憲」とならないのだろうか。連邦財政裁判所はその点について明言していない[52]。しかし学説上は，このような点も含めて，「最低課税」そのものが違憲であると主張するものが多い[53]。

　このようなドイツの状況を踏まえて，我が国の繰越欠損金制度をみてみたい。前述した通り，我が国の法人税法は，資本金1億円超の大法人について単年度に損金算入できる欠損金に制限を設け，欠損金の繰越期間も最長10年としている。このことから，我が国では，欠損金発生後10年の間に，それを補う所得金額を獲得したにもかかわらず，欠損金の一部が損金算入されることなく永久に「消滅」する事態が，継続企業にも生じうることになっている。これは，最終的に「所得」を得ていない法人に対して所得課税をしていることと同義である。我が国の法人税の課税標準がドイツと同様に「所得金額」であることからすれば，我が国においても客観的純額主義は妥当すると思われる。そうすると，欠損金の繰越期間に制限がある我が国法人税法において，いわゆる「最低課税」のような規定を設けることは問題があるように思われる。

（2）　欠損金の「利用」規制

　次に，欠損法人を買収し，当該法人において収益性の高い事業を行い，それにより得られた所得と当該法人が有していた欠損を相殺して法人税の負担を免れるという租税回避に対して，ドイツでは1990年から法人税法にそれを防止する規定を設けていた。しかし，適用要件が不明確であるとの批判があったことから，2007年に規定が改められた。この規定では，適用要件として25％以上の持分変動があったことという極めて形式的な基準が採用された。ところが，この基準により赤字法人の救済のための買収といった租税回避目的がないケースに対しても，この規定が適用されてしまう結果となった。そのため，2016年に例外規定が設けられることとなった。これにより，上記弊害が取り除かれると考えられるが，この規定の適用要件を巡っても様々な批判があり，ドイツにおいて議論が続いている。

　他方，上記のような租税回避に対する我が国の対応は，2006年に法人税法57条の2が創設されたことにはじまる。当該規定の適用要件は，特定の株主が

欠損法人の発行済株式等の総数の過半数を保有することになり，その後5年以内に特定事由に該当することである。特定事由の内容としては，休眠状態であった欠損法人が支配株主変更後に事業を開始したことや，欠損法人が支配株主変更後にそれまで行っていた事業を廃止し，それまでの事業規模のおおむね5倍超の資金借入れまたは出資受入れを行うことなど5つの事由が規定されている。

　このように，法人税法57条の2は，欠損法人の出資持分の過半数を取得するだけではなく，規定されている5つの特定事由のいずれかを満たした時に初めて適用される。法人税法57条の2の適用要件は，ドイツのKStG8d条の適用要件と比較しても明確であり，本条項に対してドイツにおいてみられる批判はみられない。しかし，特定事由の規定がある程度範囲を限定していることにより，特定事由に該当しないようなスキームを組むことで欠損法人が有する欠損金の「利用」を試みることが可能であると思われる[54]。欠損法人が有する欠損金を濫用するスキームが横行するようであれば，特定事由の見直しが必要となってくるであろう。

4　小　括

　ここまで，ドイツと我が国における単体法人の欠損金の法人税法上の取扱いについて，紹介・比較を行ってきた。それによれば，我が国では，資本金1億円超の大法人に関して単年度に損金算入できる欠損金が当該年度の所得の50％に制限され，欠損金の繰越期間も最長10年となっているのに対し，ドイツでは，単年度に所得と相殺できる欠損金が100万ユーロおよび100万ユーロ超の部分の60％までという制限はあるものの，欠損金の繰越期間に制限はない。

　このように，我が国の繰越欠損金制度では，ドイツに比べて，大法人における欠損金が所得と相殺されることなく消滅してしまう可能性が高くなっている。そもそも，繰越欠損金制度は，事業年度が人為的に区切られたことによって生じる法人所得の計算の「歪み」を是正するために各国でとられている制度である。したがって，本来的には繰越欠損の所得との相殺には制限を設けるべ

きではなく，ドイツにおいても，「最低課税」が憲法に反するのではないかとの疑義が生じていることは紹介した通りである。そうすると，我が国の繰越欠損金制度は，非常に問題があるものとなっているのではないだろうか。

　また，欠損法人を利用した租税回避の規制については，我が国では2006年に法人税法57条の2を創設することで対応している。これは，ドイツに比べて時期的に遅い対応となっている。他方で，法人税法57条の2は，その適用範囲が欠損法人を利用しようとするスキームに限られるように適用要件が定められており，ドイツのように赤字法人の救済の阻害要因となるものではない。その点で，我が国の欠損法人を利用した租税回避規制は評価されて良いように思われる。ただし，適用範囲がある程度限られている以上，適用要件を満たさずに欠損法人を利用するスキームが考案される可能性は否定できない。その場合には，適用要件の見直しが必要となってくるであろう。

V　おわりに

　本稿では，ドイツにおける2008年企業税改革の内容と直近の企業税改革に関する議論を紹介したうえで，法人税法上の欠損金の取扱いについて，日独双方の制度を比較検討した。以下，本稿の内容をまとめることで本稿のむすびとしたい。

　まず，ドイツの2008年企業税改革は，「企業立地の競争力」強化のため，法人税率および営業税率を引き下げる一方で課税ベースを拡大するものであった。この改革によって，法人税は年間18.55億ユーロの減収になると試算されていたが，2017年度の法人税収は約293億ユーロとなり，改革前年の2007年の法人税収約209億ユーロと比較して，約1.5倍の増収となった。この結果を踏まえれば，現段階においてドイツにおける上記改革は成功であったと評価できると思われる。

　次に，ドイツにおける直近の企業税改革に関する議論について，企業の税負担を軽減すべきとする見解と強化すべきとする見解をそれぞれ紹介した。前者は，アメリカやイギリスによる近時の税制改革によって，世界的な租税競争は一段と激しくなってきており，ドイツもこのような競争から逃れることができ

ないから，法人税率のさらなる引下げ等の改革が必要であると主張している。
これに対して，後者は，法人税率の引下げが企業立地の強化につながるわけで
はなく，ドイツの法人税率の引下げがかえって欧州における租税競争を誘発す
るおそれがあり，長期的にはドイツの法人税収を危うくする結果となりうると
主張している。2008年企業税改革の結果を踏まえると，前者の見解が正しいよ
うにも思えるが，各国が法人税率を引き下げるようになると，OECDが危惧し
た「有害な税の競争」に突入するおそれが十分にあり，どちらの見解が正しい
とは言いきれない。

　最後に，日独の欠損金の取扱いの異同について概観した。それによれば，ド
イツでは単年度の欠損金の損金算入には一定の制限がかかっている。この点，
このような欠損金の損金算入を制限するような取扱いは，憲法上導き出される
客観的純額主義に反し違憲であると主張されている。法人税の課税対象が法人
の「純所得」であることからすれば，事業年度は人為的に区切られている期間
に過ぎず，過年度の欠損金とその後の所得は制限なく通算される必要があるか
らである。これについて，連邦憲法裁判所は，上記制限を合憲であると判断し
た。その理由は，欠損金の繰越期間が無期限であり，いずれ将来の所得と通算
される可能性があるからというものである。そのため，上記判断に関しては，
何らかの事由により当該欠損金が消滅するような場合は将来の所得との通算が
見込めないことから，やはり上記制限は違憲であるという主張がなされている。

　このようなドイツの議論を踏まえて我が国の取扱いをみると，大法人に限っ
てではあるが単年度の欠損金の損金算入に一定の制限がかかっている。さらに，
欠損金の繰越期間は最長10年間となっている。ドイツと同様，我が国の法人
税法も法人の「純所得」を課税対象としていることからすると，このような制
限は問題があるように思われる。

　その一方で，欠損法人を利用した租税回避の規制については，ドイツでは
2016年に新設されたKStG8d条の適用要件を巡って議論が続いている。すなわ
ち，KStG8d条によれば，欠損法人の支配株主が代わっても当該法人において
「同一の事業」が維持されていれば，当該法人の繰越欠損金は消滅しないこと
となっているが，「事業」という概念が多義的であり，KStG8d条の適用要件が

151

不明確であるとの強い批判が存在するのである。そのため，ドイツでは今後，「事業」概念の明確化に向けた議論が進むものと思われる。

　これに対して，我が国における上記の規制については，法人税法57条の2がその適用範囲を欠損法人を利用しようとするスキームに限っていて，適用要件も明確である。そのため，我が国において，現状ではドイツのような議論はみられない。ただし，適用範囲がある程度限られている以上，適用要件を満たさずに欠損法人を利用するスキームが考案される可能性は否定できない。そのため，適用要件の不断の見直しが必要といえるだろうし，その際にはドイツの上記議論が参考になるものと思われる。

注

1) 加藤慶一「アメリカの法人税改革をめぐる議論―税率水準と課税ベースの在り方を中心に―」レファレンス771号（2015年）84頁。

2) 藤田泰弘＝笠原博之＝松本圭介＝竹内啓＝木原健二「法人税法の改正」財務省『平成27年度税制改正の解説』国税庁（2015年）324頁。

3) 藤田泰弘＝笠原博之＝松本圭介＝下村卓矢＝田畑仁「法人税法等の改正」財務省『平成28年度税制改正の解説』国税庁（2016年）302頁。

4) 金子宏『租税法（第23版）』弘文堂（2019年）427頁，谷口勢津夫『税法基本講義（第6版）』弘文堂（2018年）480頁参照。

5) 所得税や法人税の課税対象である「所得」は，純所得（Nettoeinkommen）でなければならないという考え方で，連邦財政裁判所2005年8月18日判決（BFHE210, S. 420）は「いわゆる客観的純額主義は，基本法3条1項から導かれる個人の財政的負担能力に応じた課税の原則を実現する。」と述べており，ドイツにおいて客観的純額主義は憲法から導かれる考え方といえる。

6) BMF, Die Unternehmensteuerreform 2008 in Deutschland, Monatsbericht des BMF - März 2007, S. 92ff.

7) 実際の営業税率は，この基準税率に自治体毎に定める「乗率」を乗じて算出される。

8) 営業税の乗率が400％の場合である。

9) BMF, a. a. O. (6), S. 92.

10) BR-Drs. 220/07, S. 65.

11) ドイツ法人税法では，我が国の法人税法における「益金」や「損金」といった所得税法とは異なる概念を用いてはいないが，本稿では，説明の便宜上，「益金」や「損金」という用語を用いることとする。

12) BR-Drs. 220/07, S. 66.

13) この金額は，「税引前利益＋支払利息＋減価償却費－受取利息」という計算式で求められる。

152

2　ドイツにおける近年の企業税改革について

14）　後に，年間 300 万ユーロまで引き上げられた。
15）　BR-Drs. 220/07, S. 68.
16）　BR-Drs. 220/07, S. 71.
17）　BMF, Unternehmenssteuerreform 2008 - Häufige Fragen und Antworten（Teil 2），S. 3.
18）　改革直近の法人税収は，2006 年度が 229 億ユーロ，2007 年度が 209 億ユーロであった。BMF, a. a. O.（6），S. 96.
19）　BMF の 2009 年から 2018 年の毎年 1 月の月次報告書（Der Monatsbericht des BMF Januar 2009-2018）に基づき，筆者が作成した。
20）　Haas/Wünnemann, Steuerpolitik in der 19. Legislaturperiode, DStR 2018, S. 377f.
21）　BMF, Monatsbericht Januar 2018, S. 31.
22）　BMF, Monatsbericht November 2017, S. 21.
23）　Haas/Wünnemann, a. a. O.（20），S. 380.
24）　Haas/Wünnemann, a. a. O.（20），S. 380f.
25）　BDI/ZVEI-Broschüre „360-Grad-Check, Steuerliche Rahmenbedingungen für Forschung & Entwicklung", Dez. 2016, S. 9.
26）　Haas/Wünnemann, a. a. O.（20），S. 381f.
27）　Sebastian Eichfelder, Braucht Deutschland eine neue Unternehmensteuerreform?, DStR 2018, S. 2397f.
28）　Eichfelder, a. O., S. 2398ff.
29）　Vgl. Ebertz/Kriese/Thum, Bewertung von lokalen Standortfaktoren für Unternehmen und Haushalte, Ifo-Dresden-Studien 46, S. 18.
30）　Vgl. Landua/Wagner-Endres/Wolf, Kurzstudie zu kommunalen Standortfaktoren: Ergebnisse auf Grundlage der Daten des Difu-Projekts „Koordinierte Unternehmensbefragung", Stand 16.2.2017.
31）　Vgl. Baldwin/Krugman, Agglomeration, integration and tax harmonisation, European Economic Review 2004, S. 1.
32）　Haas/Wünnemann, a. a. O.（20），S. 377ff.
33）　Eichfelder, a. a. O.（27），S. 2400.
34）　Eichfelder, a. a. O.（27），S. 2400ff.
35）　Eichfelder, a. a. O.（27），S. 2400f.
36）　Vgl. Piketty, Das Kapital im 21. Jahrhundert, 2014.　邦訳文献として，トマ・ピケティ著（山形浩生＝守岡桜＝森本正史訳）『21 世紀の資本』みずす書房（2014 年）がある。
37）　Vgl. Bartels, Top incomes in Germany, 1871-2013, WID. world Working Paper 2017/18, S. 17.
38）　Vgl. Eichfelder/Lau/Noth, The impact of financial transaction taxes on stock markets: Timing heterogeneity and migration, Proceedings of the 110th Annual Conference of the NTA in Philadelphia, 2017, S. 1 ff.
39）　その他，法人税法は，組織再編を用いて欠損法人の欠損金を濫用的に引き継ぐことを防止する規定を置いているが，本稿では紙幅の関係から取り上げないこととする。

153

40) 佐々木浩＝長井伸仁＝一松旬「法人税法の改正」財務省『平成18年度税制改正の解説』大蔵財務協会（2006年）352頁。

41) Tipke/Lang, Steuerrecht, 23. Auflage Köln 2018, §8 Rz. 67（Hey）.

42) Torsten Herzberg, Ausgewählte Fragen zur Einschränkung der Verlustnutzung nach §8 Abs. 4 KStG DStR 2001, S. 555ff.

43) Herrmann/Heuer/Raupach, Einkommensteuer- u. Körperschaftsteuergesetz, §8 KStG Anm. 500（Hey）.

44) Tipke/Lang, a. a. O.（41）, §11 Rz. 59（Hey）.

45) Jahressteuergesetz 2018, BGBl. I 2018, S. 2338.

46) 同項2文についても，ハンブルク財政裁判所が連邦憲法裁判所に違憲審査を申し立てているが，今回の改正法では特に触れられていない。

47) Gesetz zur Weiterentwicklung der steuerlichen Verlustverrechnung bei Körperschaften, BGBl. I 2016, S. 2998.

48) Herrmann/Heuer/Raupach, Einkommensteuer- u. Körperschaftsteuergesetz, Otto Schmidt 2017, §8d KSG Anm. 34（Suchanek/Rüsch）.

49) Michael Ferdinand, Gesetz zur Weiterentwicklung der steuerlichen Veriustverrechnung bei Körperschaften, BB 2017, S. 87; Neumann/Heuser GmbHR 2017, §8d KStG, S. 281; Moser/Witt, Neugeschaffener §8d KStG, DStZ 2017, 236 ff; Engelen/Bärsch, Weiterentwicklung der steuerlichen Verlustverrechnung bei Körperschaften, Der Konzern 2017, 22. なお，当該規定に好意的なものとして，Erik Röder, Der neue §8d KStG und die Fortführung des Geschäftsbetriebs, DStR 2017, S. 1737ff がある。

50) Lang/Englisch, Zur Verfassungswidrigkeit der neuen Mindestbesteuerung, StuW 2005, S. 3.

51) BFH, Urteil vom 22. 8. 2012 - I R 9/11, BStBl. II 2013, S. 512ff.

52) この点，Desens は，BFH の判断と同様の見解を示しつつ，欠損金が永久に「消滅」する場合は過年度に遡及して欠損金と所得の相殺を認める規定を創設すべきと主張する（Vgl. Marc Desens, Der Verlust von Verlustvorträgen nach der Mindestbesteuerung, FR 2011, S. 745ff）。

53) Tipke/Lang, a. a. O.（41）, §8 Rz. 68（Hey）; Michael Fischer, Grenzen der Verlustvortragsbeschränkung nach §10d Abs. 2 EStG bei Kapitalgesellschaften, FR 2007, S. 281; Erik Röder, Zur Verfassungswidrigkeit der Mindestbesteuerung（§10d Abs. 2 EStG）und der Beschränkung des Verlustabzugs nach §8c KStG, StuW 2012, S. 21 ff.

54) 拙稿「連結納税制度における欠損金の取扱いに関する日独比較」立命館法学377号（2018年）79頁以下。

3 討論 税制改革の今日的課題

〔司会〕
　阿部徳幸（日本大学）／望月　爾（立命館大学）
〔討論参加者〕
　浅野善治（大東文化大学）／伊川正樹（名城大学）／石村耕治（白鷗大学）／奥
谷　健（広島修道大学）／粕谷幸男（税理士）／一由俊三（税理士）／河音琢郎
（立命館大学）／木村幹雄（愛知大学）／黒川　功（日本大学）／湖東京至（税理
士）／鶴田廣巳（関西大学）／長島　弘（立正大学）／藤間大順（青山学院大学）
／松井吉三（税理士）／安井栄二（立命館大学）／山本健治（税理士）

司会　最初に，石村理事長よりご報告の
ありました「トランプ税制改革：私立大
学内部留保課税の導入」についてですが，
「アメリカが全世界課税方式から領土主
義課税方式に転換した背景，理由，さら
に理論的根拠をどのように捉えていたの
でしょうか。また，今後の行方について
どのように評価されますか。トランプ政
権が退陣すれば，また転換もあり得ると
考えるのでしょうか。さらにはアメリカ
系多国籍企業の受け止めはどのようにな
っているのでしょうか」という質問が来
ております。

石村（白鷗大学）　これは，どちらかと
いうと，河音琢郎先生が答えた方がよい
と思うのですが。あえて私が答えるとす
れば，次のとおりです。

　トランプ税制改革（TCJA）では，内
国法人に対する課税方式を，全世界所得
課税方式からテリトリアル課税/領土内
課税方式に移行しました。この移行の一
環として，新たな国外留保金課税として，
内国法人が海外の子会社などに留保して
きた過去30年間の税引き後所得（利益）
に対して，本国の親会社に配当・還流し
たものとみなして，一括みなし配当課税，
通称で，レパトレ課税（repatriation tax）
/本国還流税/国外留保金課税を実施した
わけです。アップル社やマイクロソフト，
ジョンソン・アンド・ジョンソンといっ
たアメリカの名だたる多国籍企業（親会
社/内国法人）は，アメリカ国内に利益
を還流しないで2兆8千憶ドルを超える
税引き後利益を外国子会社に溜め込んで
いると見積もられています。現金や預金
などの流動資産には15.5％，非流動資産

155

には８％で課税します。１回納税すれば（８回に分割納付も可能），これら多国籍企業は，今後，テリトリアル課税/領土内課税方式のもと，外国留保金には課税されません。トランプ政権が退陣しても，全世界課税方式に戻ることはないと思います。

なお，私の報告では，トランプ税制改革（TCJA）で創設された「私立大学内部留保金課税」の所在を明確にし，連邦の内部留保金課税の構造を説明するために，レパトレ課税にふれただけです。レパトレ課税についてだけ質問があり，私立大学内部留保金課税については，質問がきていないのでしょうか？

司会 きておりません。

石村（白鷗大学） そうですか。それではレパトレ課税について，もう少しお話しします。わが国では，内国法人に対する法人所得課税においては全世界所得課税方式を基本としています。この基本を維持しながら，2009（平成21）年度税制改正では，それまでの間接税額控除制度を廃止し，外国子会社からの受取配当の益金不算入（国外所得の免除）制度を導入しました。この課税取扱いの変更は，配当所得については，実質的に全世界所得課税主義からテリトリアル課税/領土内課税方式に修正・移行したとみることができます。もっとも，外国子会社からの配当以外の受取利子や使用料などの課税取扱いについては，従来どおり全世界所得課税主義が適用になります。問題は，

外国子会社からの受取配当の益金不算入（国外所得の免除）制度への移行時に，アメリカのようなレパトレ課税/本国還流税/国外留保金課税を実施しなかったわけです。ということは，それまで課税が繰り延べられて外国子会社に溜め込まれてきた税引き後利益は，永久にわが国では課税されないことになったわけです。制度移行時に，レパトレ課税実施の必要性の議論が意図的に避けられたのではないかと思います。研究者や学界にも，レパトレ課税の必要性についての認識が欠けていたのではと思います。私は，税法学専攻です。こうしたアバウトな質問は，どちらかというと，財政学専攻の河音琢郎先生の方が適任ではないかと思います。

司会 次に伊川会員の「わが国の所得税の現状と課題」についてのご質問をいただいております。伊川会員に対するご質問は結構ありますので，ある程度同じようなものをまとめてという形でご質問させていただきます。

１つ目といたしまして，「仮想通貨により生ずる利益への課税について，どのようにお考えですか」という質問が来ております。

伊川（名城大学） まず，鶴田会員のほうから，仮想通貨により生ずる利益への課税についてというご質問と，それから，藤間会員のほうからは，仮想通貨を暗号資産というふうに言い換えるという報道がありましたが，これを資産として捉えるとするのであれば，この資産の意味に

ついてというようなご質問がありますので，仮想通貨に関してのご質問ということで，まずお答えしたいと思います。

　まず，仮想通貨によって生ずる利益に対しての課税の仕方というのは，現状，これを資産と捉えるのか，通貨決済手段と捉えるのかということによって大きく考え方が異なっているのだと認識しております。これを資産と捉えた場合，あるいは決済手段と捉えた場合であっても，結局これは金銭債権であると位置づけるのであれば，現行の 33 条 1 項の譲渡所得の定義からいきますと，金銭債権については，33 条のいう資産には当たらないというのが現在の解釈ですので，このように捉える場合には，現在，国税庁が示しているような課税のあり方として，1 つ，雑所得という方向が示されているのだと思います。ただ，これについては，本当にこのような捉え方でいいのかというのが，私の考えではまだ疑問に思っているということでありまして，具体的に，では仮想通貨をどのように課税するかということについては，申し訳ございませんが，現段階ではまだ十分な答えを持ち合わせていないということになってしまいます。ですので，これを仮想通貨の交換であるとか，支払いとか，そのような問題を十分検討した上で，また考えるべき問題だと思います。この点は宿題にさせていただきたいということで，お答えに代えさせていただきと思います。

　関連する藤間会員からのご質問といた

しましては，これを現状，資金決済法では財産的価値というような定義をしている。そうであれば，これは資産としてもし捉えるとするのであれば，所得税法 33 条 1 項の資産，あるいは 34 条 1 項，一時所得における資産の譲渡の対価としての性質を有しないもの，このいずれにも当たらないという解釈になっているのだろうということですが，仮想通貨は，この 2 つの条文における資産とはその意義が異なるのでしょうかというようなご質問かと思います。これにつきましては，まず，33 条 1 項の譲渡所得における資産というのは，基本的にこれはご案内のとおり増加益に対する課税ということですと，その資産としての価値が変動する，値上がりというものを念頭に置いている。そうしますと，それが生じないものは 33 条 1 項における資産に当たらないということで，そこから金銭債権が望まれているというのが現行の解釈です。34 条 1 項の一時所得における資産というのは，これは価値の増加というものは念頭に置いていない。譲渡所得とは異なるということですし，また，33 条の譲渡所得のほうでは，2 項でたな卸資産を除くとありますが，34 条のほうでは，たな卸資産も含んでここでいう資産と定義をしていると考えられますので，そういう前提で考えますと，33 条と 34 条の資産は範囲が違うということを前提にして，仮想通貨を資産と捉えた場合，これのどちらかに当てはまるか，それともどちらでも

157

ないかと考えますと，現状の解釈では，やはりどちらにも当たらないという解釈の前提があるのだろうと思います。ただ，この辺は，現状で議論が十分尽くされているとはいえない状況だと思いますし，国税のほうも雑所得というふうには見解を示しておりますが，具体的な解釈とか考え方も示されておりませんので，これについては，まさにこの辺から検討して課税のあり方を考えるべき問題だと思いますので，ご質問につきましては，現状はどれとも違うということになるのではないかというお答えになりますが，さらにここは検討が必要だということでご指摘をいただいたということで，回答に代えさせていただきたいと思います。

司会 次に，鶴田会員から，多様化する「家族」に対する所得税のあり方に関して，「課税単位のあり方はどのような方向が望ましいと評価されますか。所得控除のあり方は課税単位とかかわってどのような方向で改革するのが望ましいと考えられますか」というご質問と，それに関連するのかなという形で，黒川会員から，「イスラム法等の下で，例えば複数の妻と婚姻が成立している家族が日本の居住者となった場合，配偶者控除等の課税関係はどうなるとお考えですか」という質問をいただいております。

伊川（名城大学） まず，鶴田会員からのご質問につきましては，昨日の私の報告で，問題提起ということはいたしましたが，では，具体的にどう考えるのかと

いうのは非常に大きな問題で，多岐にわたる問題だなというふうに自分自身としても感じておりますので，網羅的なお答えということまではいえないかもしれませんが，いくつか考えていることをお示しして回答とさせていただきたいと思います。

まず，基本的には，私自身は現行の個人単位課税方式から，家族，あるいは世帯単位という方向へ転換するという方向に魅力を感じております。その理由といいますのは，これはやはり家族単位というのが，実際，消費単位であるということで，こういった生活の実態に合致しているということが挙げられます。それともう1つ，これはもしかすると，後ほど木村会員の報告にかかわるところかもしれませんが，家族間の資産の移転を考えたときに，果たして相続であったり贈与であったりというのが，家族間の資産の移転に相続税や贈与税，あるいは譲渡所得税を離れて，すべて課税の対象とすべきかどうかということに関して，これまで考えてまいりました。シャウプ勧告を前提にしますと，こういうものも課税の対象とするということになるわけですが，木村会員の昨日の報告にもありましたように，みなしも含めて譲渡所得課税をするというのと，相続税や贈与税を課すというのが二重課税と呼ぶか二重負担と呼ぶかは別として，そこにはなんらかの調整が必要だろう，実際上も負担が二重に及んでいるということで，1つの財産に

対して複数の課税がされるというところは，やはり調整が必要なのではないかと私自身は考えています。

そうなりますと，その延長線上として，こういった課税単位の問題も世帯単位として捉えることに，私はどちらかというと傾倒しています。ただ，やはり詰めなければならない問題がたくさんありまして，まずは，家族なり世帯を１つの課税単位とする場合に，その範囲をどうするかという問題が当然出てまいります。そうなりますと，家族というものをどう捉えるのか。現状の民法上の親族であるとか配偶者を前提にして現行法は組み立てられているわけですが，ここがかなり範囲が揺らいできているということになりますと，例えば日本のシングルマザー・ファーザー，こういった方々に対してどのような税制上の配慮をするかということになったときに，もしこれを１つの課税単位として捉えるのであれば，その範囲と，どのようにその実態を把握するのかという問題は残るということは当然あるだろうと思います。

それから，それを所得控除，あるいは人的控除という形でどのように反映させるかということについては，これももし課税単位を世帯単位と捉えるのであれば，世帯に対して認められる人的控除という形が１つ考えられます。もちろん世帯単位としながら控除を１人ずつつけていくというような，昨日，広義の課税単位の逆転と表現をしたところですが，そうい

うのもあり得ると思いますが，もう少し簡素化をするのであれば，課税単位を世帯単位とする，そして控除も世帯単位とする，この形は非常にわかりやすいかなとは思います。この形は，現行の相続税の基礎控除の形に近いものだと考えられますので，そういうふうな仕組みを考えるという方向の検討はあり得るかなと思います。

ですので，課税単位をどうするかという問題と，現状の所得控除をどうするかという問題は，つながっているところと分けて考える部分といろいろあると思いますが，現状の人的控除，所得控除としていることにつきましては，私自身は所得控除ではなくて税額控除化すべきだと考えています。これは，所得控除ですと，その後の超過累進税率の適用によって軽減割合が変わってくるというところから考えると，税額控除化をして所得再分配機能を適切に働かせることが適切ではないかと考えておりますので，まず，所得控除を税額控除化するというのが１つの方法です。

さらに，これは消費税の問題の対応について，軽減税率ではなくて給付付き税額控除にするという提案もありまして，私自身も，もしやるのであれば，そちらの方向でというふうには考えておりますが，そうなった場合にも税額控除というところが出てまいります。ただ，いずれにしても，所得控除を税額控除化した場合は，基本的には個人単位を前提にした

組み立てになるかと思いますが，これに代えて，例えばゼロ税率を導入することになれば，これは世帯単位化をしたほうが，より有効といいますか，世帯単位を前提にしてゼロ税率を仕組むことになるだろうと思います。そうしますと，この辺は私自身も考えがまとまっておりませんが，そういったもろもろの問題を考慮した上で税額控除化，あるいはゼロ税率化，それに伴う課税内容の変更という方法で考えてみてはどうかなというような考えです。

それから，黒川会員のご質問につきましては，一夫多妻制というイスラム法の家族が日本の居住者となった場合，これについては，配偶者控除を現行の形で維持するという前提で，この問題にどう対応するかとなるのであれば，私は，控除は配偶者が3人いれば3人とも認めるべきだろうと考えます。その理由は，配偶者控除が最低生活費の保障という趣旨ですので，ただ，配偶者が3人いるから，単純に3人分というのではなくて，現行の配偶者控除は，さらに配偶者であることと，生計を一にすることと，所得要件がありますので，この3つを満たす限りにおいては，やはり最低生活費の保障は配偶者が複数いれば，その分，生活の状況といいますか，担税力に影響が出るわけですから，その人数分認めることになるだろうと思います。

ただ，イスラムのそういった家族の状況を十分把握しておりませんので，一緒に住むとややこしいとかということなら別居するのか，同居するのかによって，もし同居するのであれば，規模の利益もあると思いますので，そうであれば，例えば1人目が38万なら2人目は30万にするとか，そういう形もあり得るのかなと思いますが，そのあたりは，実態が私自身つかめておりませんので，あくまでも可能性ということでお答えとさせていただきたいと思います。

石村（白鷗大学）　海外のほうでは，1人までしか出ない。だから，僕は伊川先生の意見に反対です。

鶴田（関西大学）　私も特に課税単位について，これが絶対的な基準だというものはあるとは思っていないのですが，現実的にも，世界的傾向として，ずっと個人単位課税の方向に動いているわけですね。日本は戦前，世帯単位課税方式でいて，それが戦後，民法の改正とともに個人単位に変わっている。今確かに家族形態が多様化しており，例えば高齢世帯で1人世帯だとか2人世帯などが増えているわけですが，だからといって，なぜいま世帯単位課税にいかなければならないのかというのがもう1つ理解しにくいところがあります。そういう意味では，個人単位を基本としながら，今，世帯単位を一部入れてハイブリッド型になっているわけですが，そのため大きな矛盾が出てきていて，やはりこれは家族単位に変えないと解決できないという形になっているのかどうかというのは，ちょっとよ

く理解しにくいものですから質問させていただいたのですが，私にもそれ以上の見方が十分にあるわけではありませんので，今後検討していきたいと思っております。

伊川（名城大学）　私自身も課税単位という問題を十分詰めて考えていたわけではありませんので，先ほど申し上げましたのは，いくつか検討の方向性ということです。やはり世帯単位となった場合に，それこそ本当にどこまでを世帯の範囲にするかという問題は残りますので，従来私が考えてきたのは，家族間の資産の移転という方向から考えてきて，こういうことを考えているということでありまして，ご指摘につきましては十分，さらに検討していきたいと思います。

黒川（日本大学）　世帯単位課税を，実は日本は1度も採用しなくて，かたくなに個人用の1種類の税率表しか明治以来採用していない。あったのは，個人のところに家族の所得を合算する制度，つまり拡張制ですね。これと同じような課税関係をつくる制度はあったのですが，近代税法としての世帯単位課税は，わが国は1度も採用していないので，その辺の認識は気をつけていただきたいなと思いました。

そのときに，もし世帯単位課税ということであれば，僕の質問した一夫多妻制のところは全部吸収されてしまいますので，そういう方向性の対応はありだと思うのですが，現行制度のもとで，例えば

3人の妻はどうするのですかということについてご見解をいただきましたが，まさに先生のお答えいただいた最低生活を保障するという観点からは，そういう婚姻が実際存在して成立しているのであれば，私も，やはり人数分の控除をするのが基本的な方向かなと思って，大変賛成の方向で聞かせていただきました。

石村（白鷗大学）　アメリカに行ってこんな議論をしたら，ブーイングにあうのではないでしょうか。ウーマンズ・リブとか女性のことを全然考えないで発言していると思われるでしょう。海外の事例では，海外から来て一夫多妻制があるとしても，配偶者控除は1人までと決まっているのです。それをもし3人までいいなんて伊川先生が言ったら，大学に女性がいっぱい押し寄せてきて往復びんたになっちゃいますよ。そんな議論しちゃいけませんよ。女性をもうちょっと守らないと。これは男の学会じゃないんだから。

伊川（名城大学）　配偶者控除は対象は女性だけではなくて…。

石村（白鷗大学）　男性の場合もありますよね。

伊川（名城大学）　ですので，もしそういった生活の実態として，一方が所得を得ていて他方が所得が少ないという，そういう状況があるのであれば，そこは最低生活費を保障するという意味で控除を適用すべきではないかということで。

石村（白鷗大学）　3人までは。

伊川（名城大学）　ですので，私が申し

上げたいのは，そういう配偶者控除の制度の趣旨を考えますと，やはり最低生活費をどこで配慮するかということになりますと，現状は配偶者控除の制度がありますので，そこは考慮する必要があるのではないかというようなことで，別に女性に限った議論をしているつもりはありません。

石村（白鷗大学） イスラム教は男性は3人持っていいって言ってないですよね。

伊川（名城大学） ですので，それにつきましては，イスラム教の場合は，確かにそういう形になるかと思いますが，もし日本でそういう問題が起きたということになりますと，イスラム教の家族が男性1人に対して女性が複数の配偶者ということになれば，そこが生活をする1つの単位ということになりますので，そこの世界としての生活状況とか担税力を考慮しなければならないかなという，そういう趣旨です。

司会 今の議論に関連しまして質問が来ておりまして，同性婚と控除はどう考えるべきかというのが，関連なのかなということで，先生，一言お願いできますでしょうか。

伊川（名城大学） 同性婚につきましては，まず，同性婚を法制度として，それをルールとして，まず認めるか認めないかという前提があるかと思いますが，認めるのであれば，これは，やはりいずれかのほうが所得が少ないという状況があれば控除の対象に含めるべきだと考えます。

ただ，その場合でも，事実婚といえる状況にあるかどうか，そこの判断の問題があると思いますので，その辺をどうするかということになったときに，最近いろいろな自治体でパートナーとして認定をするというような制度ができてきている。例えばそういうものを活用して，その上で同性婚の場合でも法律婚と同様に控除の条件に合えば対象にするということになるのではないかなと思います。

石村（白鷗大学） カナダとか，同性婚を認めている国からカップルが日本に来て，居住者になった場合にどうなるかという問題であって，これから日本で認めるか認めないかの問題を議論しているわけではないのですね。わかりました。

司会 今のご説明との関連で，奥谷さんから，「基礎的人的控除のあり方について考えるとき，担税力や所得概念はどう関連づけるとお考えでしょうか」という質問が来ております。

伊川（名城大学） 基礎的人的控除と担税力の関係につきましては，先ほども触れましたような最低生活費の保障と位置づけておりますので，担税力をそのように理解する場合には，これが必要であると考えます。その上で，所得概念との関係につきましては，私自身はまだ十分な見解を持ち合わせておりません。むしろ奥谷会員のご著書の中でこの点を触れられていますので，むしろご示唆をいただきたいということで，答えになっておりませんが，私からの回答とさせていただ

きたいと思います。

奥谷（広島修道大学）　答えをいただいている部分で，結局，最低生活費の部分には担税力がないという議論が昨日の浅野先生のご報告でもあったかと思います。そうしますと，税額控除にするという場合には，所得の中に最低生活費が入っているということになろうかと思うのですね。そうであれば，最低生活費部分に担税力を見出しているように見えるというところで，所得という概念とのかかわりでどういうふうにお考えかなというのが１点と，先ほどの議論を伺っていまして，給付付き税額控除の方法が望ましいのではないかというお考えだということだったのですが，これも昨日の浅野先生のご報告の中にありましたが，給付にするということの問題点は，今の状況では所得制限があるということの問題点が触れられていましたが，給付のほうにするということは，今，所得控除であれば自由権的に捉えているものが社会権に変質してしまうのではないか。そうすると，プログラム規定説のような考え方で給付額の増減について，納税者，国民は何も言えなくなってしまうかもしれない。こういった場合に生存権の侵害の恐れが非常に強くなるように思うのですが，その点について先生のお考えをお聞かせいただきたいと思います。よろしくお願いします。

伊川（名城大学）　まず前半の部分ですが，私自身は税額控除化をしたとしても最低生活費に課税をすることになるとは考え

ておりませんので，税額控除を主張しております。従来の議論は，最低生活費に課税をしないということで所得控除という議論があるというのは十分承知しておりますが，その場合の課税というのが何かと考えた場合に，私自身の課税ということの捉え方は，税額控除をした上で最終的な納付税額を算出するという行為を課税と考えております。そうであれば，税率を掛ける前か後かということは，それを課税と考えるということにはならないのではないかということに基づいて，最低生活費の非課税ということを，基礎的人的控除は所得控除でなくてもよいのではないかという考えであるということです。

　２点目の問題につきましては，生存権という権利の考え方につきましては，確かに今，奥谷会員がおっしゃったような側面はあるのだろうと考えますが，その場合に，今いただきましたご指摘ですので，考えは十分まとまっておりませんが，このあたりの制度をどのように，さらに設計をして，そして給付付き税額控除というのは，先ほど消費税との絡みで申し上げたところですが，基礎的人的控除の問題については，あわせてまた考えなければならないことだろうと思いますので，そこについては法的な性格も含めてもっと考えていく部分があるだろうと思いますので，今の点は，また宿題とさせていただくということでお答えに代えさせていただきたいと思います。

司会 同じような関連する質問が松井会員からも来ておりまして，「基礎的人的控除，所得控除の見直しは必要ないと思います。最低生活費を免税するのに役立つ控除は所得控除でいくべきだと思います。再分配は最低生活費免税で，具体的には基礎控除を大幅に増額することを出発点にすべきだと考えますが」ということですが，松井会員，今のお答えで，プラスアルファで何かあれば。

松井（税理士） よろしいです。

司会 では次に所得概念の話なのですが，「包括的所得概念の下で雑所得が『拡大』しているといえるのでしょうか」という質問が来ております。これとの関連で，「雑所得が多様化しているということなのですが，その場合の損益通算のあり方についてご教示ください」というご質問が来ていますので，この2点，あわせてお願いできますでしょうか。

伊川（名城大学） まず，所得概念の検討から，所得税全体，あるいはその根拠をどう考えるべきかという点につきましては，まず，理論的根拠ということになりますと，基本的には純所得に対する課税が基本的な考え方になるだろうと考えております。その上で，総合課税という方向性は維持すべきだと考えますし，所得を分類する分類所得税ということにつきましては，昨日の冒頭のほうでご説明しましたような状況は，雑所得となるものが非常に増えてきているということを考えますと，実際問題，これはどれかに

当てはめるというのが困難な状況になっているか，どれにも当てはまらなくて雑所得にしているという状況だろうと思います。そうしますと，所得分類をこのまま続けていくのは，この先も非常に困難になることが予想されます。そうなりますと，所得区分自体をもっと簡素化するという方向づけが1つ考えられるわけです。あるいは現状のようなどれにも当てはまらないものを雑所得として課税するという方向性も考えられなくはありませんが，それにつきまして，2つ目のご質問の損益通算のあり方につきましては，まずこの雑所得が損益通算の対象から除かれているという趣旨といたしましては2点あると認識しております。1つは，雑所得は，基本的に控除が非常に少額であって，あまり損失が生じないという理由と，それから，かつて政治家の政治献金の問題ということで損益通算の対象から雑所得が除かれた，こういう経緯があるかと思いますが，この移行経緯を考えると，何も雑所得をすべて損益通算の対象から除くという必要もなくなってきているのではないか。それぐらい雑所得は多様化してきているのではないかと考えます。そうしますと，もし雑所得をこのまま残していくことになりますと，雑所得の中でも損益通算を認めるものと認めないものと細分化をしていくという方向性が1つ考えられます。ただ，これは制度が非常に複雑になる可能性がありますので，むしろ雑所得というふりをやめて，

損益通算のあり方も含めて，もっと所得区分のあり方を変えるという方向にすべきではないのかということを考えております。

それからもう1つ付け加えますと，雑所得の中でも雑所得に対応する必要経費の要件をどう解釈するか。これによっても雑所得に損失が生じるのか，生じないのかという問題にもつながってくると思いますので，このあたりは現行法の仕組みと実体がかなりずれてきているので，なんらかの手当てが必要ではないかと考えているという次第です。

奥谷（広島修道大学）　質問が，包括的所得概念の下で，昨日のご報告資料の中では雑所得が拡大してきているというお話でしたし，今のご回答でも，多様化してきているというお話なのですが，そもそも包括的所得概念が拡大するということはないように思うわけですね。それから，今の理解であれば，いずれにも該当しないものはすべて雑所得ですから，種類が増えたわけではなく，所得の発生原因が増えているだけであって，雑所得が新しく変わったというのではないように思うのですが，その点はどうお考えかなと思いまして，よろしくお願いします。

伊川（名城大学）　ご質問いただいている内容と今のご質問ですが，昨日の資料で，私が「拡大」とカギカッコをつけたのは，まさにそういう意味でありまして，雑所得の範囲が広がっているというふうには認識はしておりません。もともとこ

こに入るものということですが，ただ，まさに奥谷会員が言われたような発生原因が多様化して，従来なかったようなタイプの所得が顕在化してきている。これはどこへ行くかとなったときに，結局，雑所得に含まれているという現象だと捉えております。ですので，私もご指摘と同じようなことを考えておりまして，昨日もそこまで十分な説明を行いませんでしたが，カギカッコ付きの「拡大」というのは，そのような意味で捉えております。所得概念自体も広がっているわけではありませんし，雑所得も広がっているわけではないということですが，昨日申し上げたかったのは，そういう問題にどう対応するか。現行法とどのように不整合かを決めるかという，そういう指摘だということです。

司会　もういくつかありまして，「還付加算金は雑所得として解してよいのでしょうか」という質問について，簡単にお答えいただければと思います。

伊川（名城大学）　現行法の解釈としては利子の一種となっていますので，ただ，利子所得には当てはまらない。雑所得になっているという理解だと思います。可能性としては，一時所得に当たるということもいえるかと思います。要件はたぶん当てはまるだろうと思いますが，ただ，そうなった場合，昨日紹介したような事例で，弁護士費用が一時所得に直接要した金額として引けるかというと，たぶん引けなくなるので，訴訟技術的には一時

165

よりは雑ということがいいのだと思いますが，なかなかそれ以外のところで当てはまるものはないと考えております。

司会　鶴田会員から，「混ぜ返すような話で申し訳ないのですが，所得概念の検討から，所得税の理論的な根拠はどうなるのでしょうか。包括的所得税，分類所得税，市場所得税など」というご質問をいただいているのですが。鶴田先生，先ほどのお答えでということでよろしいでしょうか。

　最後になります。松井会員から，「所得区分の簡素化について，所得税を分類する場合，労働所得と資産所得の区分に見られる二元的所得税では，資本所得が優遇されてしまいます。2つに分けるのであれば，原則的な区分でその所得が1年の間に得られるか，それとも特定年分に割り当てられるかとの2区分とすべきであると思いますが，先生，ご意見どうでしょうか」という質問です。

伊川（名城大学）　私自身も二元的所得税というのは問題であると考えておりますので，松井会員ご指摘のような資本所得の優遇はすべきでないだろうという意見です。その上で，別の分け方として，所得を暦年中に得られるのか，それとも複数だとか，そういう分け方はいかがかということですが，このご指摘は，従来，私も考えたことがなかったご指摘ですので，譲渡所得などの問題を考えると，こういう考え方もあるのかなというふうに示唆を受けましたので，今後，こういう

方向も含めて検討させていただきたいと思います。

松井（税理士）　2つに分ける二元的所得税の場合だと，どうしても北欧諸国みたいに足が速い所得は逃げてしまうので優遇するということになってしまいます。そうすると，課税の公平から望ましくないと思っているのです。包括的所得税の考え方からすれば所得区分はないほうが私はいいと思っています。原則的に所得区分はない。ただ，特定の年分に所得が記入できないようなものについては，酷だから平均課税とか，そういう対象になるのかな。そういうのを認めざるを得ないのかなと私は思っています。これに該当するのは価値の増加が特定の年度に割り当てられない譲渡所得だと思います。一様に資産所得といっても，利子とか配当みたいに年度で関係するものは年度で価値が決定してしまいますので，その年度の課税でいいと思います。そういう長短で所得区分をするという考え方もあるのかなと思って私は質問した次第です。

司会　引き続きまして，長島会員のご報告です。収益認識基準の見直しの公表と法人税法第22条の2の新設についてご質問を承っております。

　1つ目といたしまして，「法人税法22条の2が制定された理由について」と，関連しまして，「22条の2の制定とわが国法人税制の改革との関連性について」という質問が来ておりますので，お願いします。

長島（立正大学） 最初の法人税法22条の2が制定された理由ですが，公式的な発表といいますか，国税庁サイドの「改正税法のすべて」等の解説によりますと，当然それは収益認識会計基準の導入に合わせたのだと，その対応なのだというふうに明記されています。そういう意味では，この制定の理由は，収益認識基準への対応ということだけであって，法人税制改革との関係は別なのかなと私は認識しています。というのは，税制改正の解説の中での順番などを見ていますと，別のように切り離して書いてあるので，立法担当者として分けているのかなという気はします。ただ，表向きのことが本当に理由なのか。ちょっと戻って制定された理由なのですが，収益認識基準の対応といいながら，中身的にその対応だけなのかなと思えるところが多々ありまして，これを機に，今までの法人税法の中で法定化していない，明文で規定をしていないものを，この際，明文化したという点があると思います。例えば引き渡し基準の改正は通達にありましたが，これを法人税法22条の2の2項の中に明文を盛り込んだ。それから，4項の中の「通常得べき対価の額」に相当する金額を明文化したというのも，法人税法22条2項の中に有償又は無償の譲渡又は役務の提供等はありますが，無償の譲渡とか有償とあっても低額の譲渡はどうなのかとか，低額の役務提供はどうなのかという議論はしました。ただ，平成7年12月19日

の最高裁判決の中で，ここははっきりと，そういうものも当然相当の金額であればと出ていますので，そういうものをこの機会に明文化して，この22条の2第4項になったのではないかなと思っております。

ということで，収益認識会計基準を機に，またその対応でつくられたというところはありますが，それを機にこれまで明文化していなかったものを明文化した，または明文化したいものを明文化したというかもしれませんが，そういうところがあると思います。

安井（立命館大学） ちょっと質問の意図が伝わっていないかなということで，まず22条の2が制定された理由の部分なのですが，発表された収益認識基準への対応ということなのですが，要は，改正点をすべて見ますと，今回示された収益認識基準は，今の現行法のままでいくと，それを取り込まざるを得なくなってしまうので，それは困るということで，取り込みませんよということを明示したと私は認識して，それはどうなのかということを聞きたかった。収益認識基準への対応をしたかという部分をちょっと説明してほしかったというところです。

それから，もう1つの今回の22条の2の制定の話とわが国法人税制の改革との関係性について，関係ないとおっしゃったのですが，シンポジウムの統一テーマとして，わが国税制改革への課題ということなので，それと今回の報告の内容

がどう関係するのかということをお聞き
したかったということ，そういう点での
質問であったということです。

長島（立正大学）　まず2つ目の件ですが，
確かにテーマとの関係ではそうなります
が，ただ，認識していなかったので，そ
こは改めて考えさせていただこうと思い
ます。

　最初のところですが，収益認識会計基
準を新しくここで22条4項のものは適
用しないですが，収益の認識について，
22条の2を適用し，そしてそこの2項
の中に「一般に公正妥当と認められる会
計処理の基準に従って」云々で，そこで
会計処理をしたものは認めるというよう
な形になっておりますので，これを排除
するというよりは，その会計処理を基本
的に認めることの条文化ではないかなと
私は思っています。というのは，もしこ
れを排除するのであるならば，逆にいら
なかったのではないか。つまり，引渡基
準等でやるのだから，その前に収益認識
会計基準で収益なり益金になったものは，
逆に申告調整を外せということで済ん
だはずだと思うのですね。逆にそれを排
除するというよりは，認める方向での
22条の2なのではないかと私は思って
いるのですが，いかがでしょうか。

安井（立命館大学）　あくまで改正点を
すべて読んだところでの表面的理解とい
うことなので，もしかしたら私の理解が
間違っているかもしれませんが，今般発
表された収益認識基準というのは，極め

て国際会計基準にのっとっているという
ところで，そもそもがもともとの法人税
法の42年改正で「一般に公正妥当と認
められる会計処理の基準」という22条
4項が入ったことによって，基本的には
会計基準から出発するというところで法
人税を計算するのだということが42年
の4項挿入によって認識されたわけです
が，そこから会計基準がどんどんどん
どん肥大化していって，もともと法人税
を考えていたものとだいぶ変わってきてい
る。その中で，今回の収益認識基準の発
表によって，企業がそれに基づいた企業
会計の計算をするということになると，
法人税法22条の2の乖離が激しくなっ
ているので，そこをもう1回戻すという
ところで，今回アップした収益認識基準
に関しては，基本的にはとらないという
ことを明示するために，ただ，今回は22
条の2がないと，22条の4項は「一般に
公正妥当と認められる会計処理の基準に
従」うと書いてあるのに，今回発表され
た収益認識基準で計算したものを含める
という話なので，それでは法人税の計算
との関係では，法人税の求める所得の計
算のところではいえないというところで，
今回の改正が入ったのかなと私は理解し
ています。それに対する対応をどうすべ
きかということは，今回，別の法が取り
入れたんだと長島さんがおっしゃってお
られることであれば，それでもよかった
かもしれませんが，私はそういう理解だ
ったのでということで，私の理解が間違

っているのであれば，それは勉強になり
ますし，伺っておきます。特にご回答は
必要ないと思いますので，私はそう思っ
ていたということだけの質問になります。

長島（立正大学） 私ももう1度その形
で後で読み直してみたいと思います。

司会 次に，「今回の改正は，逆基準性
といわれる法人税の優先原則をさらに進
めるものと考えてよいのでしょうか」と
いうご質問をいただいています。

長島（立正大学） 逆基準性というのは，
法人税の基準が一般の会計処理の中に入
り込んでいて，そして会計処理を優先す
ることですよね。さて，この逆基準性の
ためには，損金経理要件があるとか，つ
まり，会計処理のほうでこういうふうに
やったら税のほうで有利になるというも
のがあって初めて逆基準性は進むので，
今回の場合には，それは当たらないのだ
と思っております。というのは，例えば
22条の2第3項は申告調整を認めてい
ますので，つまり，会計をやって初めて
こうなるよというものではない限りは逆
基準性には結局結びつかないだろうと思
っておりますので，これは直接，逆基準
性を進めるものとは違うだろうなと思っ
ております。

あと，法人税の優先原則と書いていま
す。さらに進めるものか。というよりは，
もともと税は税，つまり，どんなにふう
に会計処理をしようが，最終的に申告調
整なりをして税のほうでの考える所得で
課税するという形ですから，何をもって

優先というかは疑問ですが，もともと会
計処理とはまた別に，税のほうは税で計
算して課税する仕組みになっているわけ
なので，そういう意味では，逆基準性が
進むかというと，そうではないと思いま
す。法人税の優先は何をもって優先とい
うかわかりませんが，最終的に法人税で
税額を計算して課税するという仕組みは
変わらないだろうと思います。

司会 続きまして，長島会員に対する質
問なのですが，「新法22条の2第4項は，
時価主義を法定化したものですが，①と
しまして，消費税の譲渡対価と法人税
22条の2の4項の価額と一致したもの
と考えるべきなのか。それとも別々のも
のと考えるべきなのでしょうか」という
ご質問が来ております。

長島（立正大学） 一応は消費税のほう
と同じではないのではないかな。という
のは，消費税は基本的に4要件，また5
要件に該当したものが消費税の対象にな
り，対価の価額が基本的に消費税の対価
という形になるわけですから，論理的に
は別なのではないのかなと思っているの
ですが，ただ，もうちょっと消費税の対
価は何か詳しく研究してみないとなんと
も答えがたいところです。今回，まだ消
費税のほうまで検討しておりませんので，
ぱっと直感的に考えたお答えしかできま
せんので，今後この点はもう少し詳しく
検討させていただくということで答えさ
せてください。

司会 続きまして，個別的な質問が来て

おります。「季節遅れ商品の販売価格，例えば定額1万円のものを3,000円で，卸売会社が子会社にこの商品を5,000円で販売した場合は，この第4項で減額する処理となるのか」というような個別的な質問なのですが。

長島（立正大学） 減額ですか。

司会 場合によっては，質問者である粕谷会員に補足していただきたい。

粕谷（税理士） 簡単にいえば，ここの4項は時価ですので，例えば季節外れの商品を一般に販売する場合，定価を3,000円で大幅に値引きしましたという事実があって，しかしながら，子会社が少し儲かっているので5,000円で，7,000円でもいいのですが，高く売ったという場合には，時価で価格を提示しなさいよというふうになっていますので，通常，時価というのは季節外れの商品は一般に売却する価格を通達でもいっていますので，こういう事例の場合は，そういうふうに減額をすべきなのか，先生はどう考えていらっしゃるのかお聞かせいただきたいと思います。

長島（立正大学） つまり，この「通常得べき対価の額」がいくらなのかという話ですね。これが5,000円ならば，当然何も必要ありませんし，3,000円ならば減額だろう。または1万円ならば逆に減額だという話ですよね。この点が一番問題になると実は思っています。この「通常得べき対価の額」というのは，第三者間で決まれば，一番そこが高い。その場合は，第三者が3,000円で売ったわけですから，ここは，定価1万円だとしても，本来3,000円のものを5,000円で売ったとなると，2,000円はなんなのか。ただ，この2,000円は売り上げから減益しても，当然何がしかの別の項目で益金に入ります。ですので，どっちにしろ，この5,000円は益金を構成しますが，それが売上げになるかどうかという点では，確かにこの場合は，本来，もし得べきものが3,000円なら，そういうことになります。ただ，結果的には利益を伴う場合は，そこまで問われないと思いますが，おっしゃるとおりだと思います。

司会 最後になりますが，「22条の2により商品・役務の引渡，提供ないし契約時に益金を計上するとき，いまだ法的には売掛債権が成立していないと思われるのですが，会計処理，とりわけ借方科目はどのようになるとお考えでしょうか」という質問が来ております。

長島（立正大学） これ，つまり仕分けをするという前提ですと，当然この22条の2の2項にある収益認識基準，一般に公正妥当と認められる会計処理の基準に従って処理をしたということですね。この22条の2にある会計処理の基準に従って処理をしたということですから，それをとってもこれは会計処理があるわけで，もともとこれは会計処理をしたいので，昨日の話でも，3号で申告調整ということもあるでしょうが，この場合は会計処理をしたわけですから，したとい

うことは当然，通常は売掛金にするのだろうなと思います。ただ，勘定科目そのものはあまり意味はないのだろうと思っておりますので，別の名称であったとしても税務的にはなんら影響はないということですから，おそらく一般的な会計処理としては売掛金だろうと思います。

黒川（日本大学） もし売掛金だとすると，それはちゃんと法的にも債権として成立していて，貸借対照表能力はあると思うのですね。ところが，実際に法的になんの請求権も発生していない段階で，これを売掛金として表示すると，実際には使えない債権が貸借対照表に載ってくる。ですから，なんらかの処理がたぶん予定されているのだろうな。教えていただきたくて，読んでいるところから質問したのですが，例えば未成熟債権とか新しい概念を導入して，実際に存在する債権とは区別して，確実にこれはもうちょっとすると債権になりますよというような科目をつくってあてがうのか，この辺どうやるのかなという疑問があったのですね。売掛金そのままというのは問題が起こるのではないかと思います。従来の公正妥当な会計処理の基準ですと，この辺はちゃんと行使できる債権が融資されて，経済的な価値が流入してきたから，それで貸し方のほうに収益に当たって，その基礎となる技術として，その部分はちゃんと貸借に位置づけをして説明がつく。そこから税務上の処理を考えていけばよかったのですが，今回の 22 条の 2 について

は，その辺の整合性というか，その辺について法自身は語っていないので，実際のところどうなるのかという点についてご質問した次第です。

長島（立正大学） これに関して，昨日お配りした 2 ページの 5 つのステップのどの時点でこれを収益と認識するかといいますと，（5）のところに書いてありますように，「履行義務を充足した時」なのですね。つまり，自分が自分のやるべき履行義務を充足したので，自分の側は収益を認識できる。あとは双務契約ということで相手側の義務が果たされるのを待つだけ。つまり，自分は履行義務を充足したわけですから，代金の支払いがされるのを待つだけということです。ですので，会計的には，そこはすべきことをすべてして，完全に法的に債権としていえるかどうかという点は，確かに先生のおっしゃるとおり確定といえるかどうかは問題があるかもしれませんが，会計基準として収益を認識でき，そして，その対価として売掛債権，資産を取得したと考えるということでの収益認識会計基準ですから，それをとっている以上，一応会計としてはそういうふうになるのではないかと思います。

黒川（日本大学） 引渡しとか，そのケースはそれで一応納得いたしますが，契約の成立時というような規定もあったように思います。この場合は，例えば商品を渡していなくても，契約がどちらかの取り消せない状態になっているのであれ

ば，もうそれで収益を認識して益金を計上するのだというような規定もあったと思うのですが，この点についてはいかがですか。

長島（立正大学） おそらく今，先生がおっしゃったのは，新法22条の2の第2項の中にある「契約の効力が生ずる日」という文言ですね。これも私は非常に問題に思っていまして，これは非常に不明確な表現で，これだと当初の契約日でいいのかとなりますね。ですが，収益認識会計基準を受けた状況であるならば，契約効力は履行義務を充足したとか，単純に当初の契約の効力の，つまり契約の発生日，契約効力の発生日と表現を分けて，通常契約でも契約効力の発生日という条件はあえて分けているので，多少差があるのかなと思いながらも，先生の指摘も全くそうだと思うのですが，でも，収益認識基準との対応で出た以上，本来はそうでなくて，もとの契約書の中でうたっている，そこの中の中心的な契約の効力なのだろうというふうに考えないとおかしいのではないかと思っていまして，ですので，これを契約日と読むべきではないだろうなと思っています。ただ，そのように誤解を生むというか，当然そういうふうに思います。ですので，非常におかしな条文だなという点の批判も私は書かせていただいていますが，一応そのように理解するしかないのではないか。つまり，契約認識上で履行義務を充足して，この契約の本体部分の効力が生じた

と考えるのだろうというふうに読むべきだと思っています。ただ，先生のおっしゃるとおり，そういうふうにも読めます。ですので，大問題な条項だと思っています。

司会 引き続きまして，木村会員からのご報告に対する質問といたしまして，「資産保有税，資産移転税のような資産課税と資産所得課税はメダルの表裏のような関係にありますが，両者はやはり別個の課税と考えるべきではないかと思いますが，いかがでしょうか。結論部分は，どちらも評価できるというようなコメントがあったようですが」という質問をいただいております。

木村（愛知大学） 資産課税と考えた場合には，資産を取得した段階，資産を保有している段階，また，資産を移転した段階，それぞれの段階での課税を考えることができるのではないかと思います。さらに，資産の移転する段階というときには，資産を移転した手数料的なものを課税する場合，本来，移転したときには譲渡課税という場合もあると思いますが，そのうち譲渡したときの含み益の課税が所得課税の中に入ってくると思いますので，所得課税と資産課税はかなり近い部分というか，交じり合っている部分もあるのではないかと理解しております。それで，ご質問いただいた内容は，資産の所得課税の位置づけという面は，今お示ししたような内容なのですが，結論部分で，どちらとも評価できるというふうに

されておりますが，ご質問いただいているとおり，迷っている部分はあります。ただ，結論として，今の段階では所得課税の中に相続税を位置づけ，包括的所得概念の中での一部としての相続による遺産を取得した段階での課税，そしてみなし譲渡課税を行う，そして相続税の計算上は債務控除を行う。これがまず第1に自分の中では一番望ましい姿ではないかと考えております。そして，仮に資産課税というふうに相続税を考えた場合には，相続税は遺産税方式で課税をし，被相続人に対して最後の所得税としての所得税はみなし譲渡課税を行うという，このセットで考える。これが2番目の案と考えております。

鶴田（関西大学） 資産課税と資産所得課税というのは，いってみれば親戚のような関係ですね。裏表の関係にあると思いますので，その辺で，確かに二重課税ではないかというふうに捉えられるのかもしれませんが，私にしてみたらそれは誤解ではないかと思っているのです。なぜかといいますと，資産課税という場合，例えば相続税を考えますと，相続税というのは，世代が代わるといいますか，世代間での資産の移転ですから，その際に，受ける側，つまり相続人の側に特別の経済的利益が入り込んでくるわけですね。ですから，それを，特に資産所得税の場合，公平といいますか，要するにある特定のときにそういう非常な幸運に巡り合って経済力を手にしているということに

対して，やはり出発点をイコールフッティングにすべきではないかという趣旨で課税をするわけですね。ですから，それはそれとして1つ完結している課税方式であって，その後，相続をする財産の価値が取得時の価格から相続時までの，いわば値上がり分等が入っているわけですから，それについては，本来，その前の世代の人がどこかの時点で本当は課税を受ける。あるいは発生時課税であれば発生時に課税をされてしかるべきものですから，そういう意味では，それはそこでまた1回，完結しているわけですね。そういう点で，私は資産課税と資産所得課税はそれぞれ別個の税と考えて，それぞれに担税力を見出して課税するというのが本来の趣旨ではないかと思っております。特にまた今，資産格差の拡大が時代背景としてある場合に，それを二重課税だから調整をして緩和すべきではないかというのは，やや受け入れにくいような感じがあって，ご意見をさせていただいた次第です。

木村（愛知大学） 私も両方の課税を行う含み益に対しては，被相続人段階でみなし譲渡所得として課税し，相続税については受け取った人が遺産取得税方式，あるいは現行方式での課税を行うべきだということで，同じ考えであります。これを資産課税として考えるのか，所得課税として考えるかというのは，多少の考え方は違うかなとは思いますが，今ご質問いただいたとおりの内容で，自分自身

は少数派だと思っておりましたが，今の
ご質問をいただいたので，自分1人でな
いのだと思いましたので，ご質問いただ
きありがとうございます。

司会 今の根拠論と申しますか，それに
関連した質問が来ております。「相続税
の課税根拠・目的の説明で，レジュメの
中で『遺産取得税の根拠』という形で，
遺産税の根拠としまして佐藤進先生を挙
げていますが，遺産税と相続税の根拠は
同じと考えてよいのか」という質問が来
ております。

木村（愛知大学） ここで遺産税の根拠
と遺産取得税の根拠という2つ並べて挙
げさせていただいているのですが，ほぼ
同じような理由が書かれておりまして，
1つ違うのは，遺産税のほうには税制の
弱点と不完全性を事後的に是正するとい
うことで，特例を使って所得税が軽減さ
れていたとか，なかには脱税のように所
得税が課税されなかった，そういうよう
なものが残った段階で遺産税として課税
するんだ，だから正直な納税者には二重
課税なんだという根拠が示されておりま
したが，これは被相続人に対しての課税
ということであれば，そういうことには
なるのですが，遺産取得税のように受け
取った段階で課税するという根拠にはな
らないという，このような違いはありま
すが，それぞれの理由としては，課税の
根拠としては同じようなものなのかなと
思います。もっと大きなところというか，
遺産取得税は受け取った人に課税する，

遺産税は亡くなった人に課税する，その
ようなところから考えますと，所得があ
るから課税する，財産があるから課税す
る，専門家の答えにはなっておりません
が，そのようなところに課税していく。
どこに課税するかというところからする
と，所得があるから，財産があるから，
そのようなところが一番のわかりやすい
ところなのかなと認識しております。

石村（白鷗大学） わが国も変えようと
いった時期がありましたね。最終的には
やめたのですが，そこのところとかを考
えて，非常に重要な点なので，最終的に
まとめる論文ではもう少し緻密な議論を
してほしいと思います。これを見ただけ
では，なんとなく今言ったように死んだ
人に課税するか，生きている人に課税す
るかということだけを言っているように
も見えますので，もう少し緻密に議論を
練ってほしいと思います。

木村（愛知大学） 10年ほど前に自民党
政権から民主党政権に変わるころに，そ
ういうような議論があって，もう一歩で
遺産取得税になる，民主党政権は遺産税
方式を挙げて，そのときはほぼ議論がな
く，そのまま消えてしまったということ
がありますので，ご指摘いただきました
とおり，最後の論文に仕上げるときには，
そのあたりも含めて検討させていただき
たいと思います。

石村（白鷗大学） 議論しておくと，また，
同じような議論が出てきたときに1つの
出典となりますから，お願いいたします。

司会 引き続きまして,「相続税を資産税と考える場合,担税力はどこに見出されるのですか」という質問が来ております。

木村（愛知大学） 先ほど石村理事長のとほとんど同じようなところの回答になってしまいますが,所得課税との差で,財産そのものにということで,昨日ご報告させていただきました内容で,さらに付け加えさせていただくと,支出税の一部として課税というところでいくと,使い残した財産に対して,これを消費とみなして遺産税を課すという考え方もできるのでないかと思いますが,先ほどの不備なご回答の中でいくと,財産そのものがあったから,使い残した財産があったから課税するという,そのようなものではないかというふうにも思っております。

奥谷（広島修道大学） 担税力の指標として所得,資産,消費というところでの資産課税を考える場合に,資産を保有していることに,本来,担税力が見出されるのではないかと思うのですが,遺産税方式であっても,遺産取得税方式であっても,これを資産課税だと言われたときに,誰が,いつの段階で保有しているから課税をされるのかなというところが非常に気になるところであります。ただ,今までの先生のご回答でいいますと,結局のところ,遺産を取得した,あるいは生前中の所得の軽減なりのところに対しての精算的な課税だということになると,相続人,あるいは被相続人の財産の取得,

つまりこれは資産に対して課税をしているという,資産の保有ではなく所得課税に結局は落ち着くと理解をしていいのかというところを確認させていただきたいと思います。

木村（愛知大学） まず,相続税を遺産取得税のように考える場合でいくと,所得課税の中の一部だという,このあたりはよろしいかと思うのですが,これを資産課税だと考えた場合には,死亡時に資産が残っていた,その資産そのものに対して遺産税方式のように課税する。そのように2つに切り分けられるのではないかと思います。財産そのものに対して課税する。ですから,これら2つは,相続税をどのように考えるかというところで,また別物ではないのかと思われます。

奥谷（広島修道大学） そうしますと,みなし譲渡が課税できなくなると思うのですが。遺産税のところでみなし譲渡所得課税が発生するとなると,保有していた財産の話ではなくなってしまうと思うのですね。その点で,先生が所得として考えていらっしゃるのかなと思ったのですが。

木村（愛知大学） みなし譲渡は資産課税というよりも所得課税の中の1つで,そこに含み益があり,死亡した時点の時価で含み益に対して課税を行うということになりますので,相続税を所得課税として考えた場合には,被相続人の段階で含み益に対してみなし譲渡課税を行う。相続人のほうでは,遺産を受け取った,

それを所得として考えて相続税を課税するということで両方を課税することは可能だろうと思いますし，資産課税と考えた場合には，資産そのものに対して課税するというのと，今までの含み益をその時点で被相続人に対して所得課税を行うということを考えることも可能ではないかと考えております。

奥谷（広島修道大学）　私は資産の保有の部分とみなし譲渡の所得という部分が両方混在してしまうように思うのですが，そのあたり，もう少しご検討いただければと思います。

木村（愛知大学）　資産の保有に課税するというのを資産課税でなく，資産があった最後の段階ですので，相続時，死亡時ですので，そのときにあった財産に課税する。財産の保有税のような，毎年課税されるような，そういうものが今現在日本にはありませんので，そのような最後の一時点，死亡の時点での財産に対しての課税と考えることは資産課税としてできるのではないか。だから，あくまでそれは保有税ではなくて死亡時点での１回限りの課税としての考え方ということであります。

奥谷（広島修道大学）　そうすると，フランスとかで考えている流通税の一種として考えているわけですか。要するにAからBに対して流通するから，その流通に対してもらったほうに課税するという，フランスのほうはそういう考え方もあるので，先生の考え方は，そういう考えな

のですか。流通税は何の税金かというと，日本では資産に係る税金と分類していますよね。

木村（愛知大学）　資産課税等かもしれないですが。

奥谷（広島修道大学）　そこのところをどう判断していらっしゃるのか。先生の議論の中でかみ合っていないような感じがしているのですが。

木村（愛知大学）　ただ，流通税というものにしてしまうと，単に税率だけではないのですが，手数料的なもので考えるのでしょうが，死亡時にある程度その財産が残っていたということに対しての課税ですので，ある程度の金額，税率というか，そういうふうなのも考えると，単に流通税というのも自分の中ではしっくりこないかなというふうにも思います。すみません。あまりお答えになっておりませんが，自分の中で迷っている部分もありますので。

司会　続きまして，「みなし譲渡プラス債務控除での調整とすると，贈与の場合については調整はどうすべきでしょうか」というご質問が来ております。

木村（愛知大学）　これも，贈与のときもみなし譲渡課税を行うということで，遺産取得税方式であれば財産を受け取った人が贈与税を納税する。財産を渡した人が含み益があれば，それに対してみなし譲渡の所得税を負担するということになれば，将来，相続税の対象となる財産は減るわけですので，債務行為と同じ効

果があるのではないかと考えます。

奥谷（広島修道大学） 結局，無償譲渡の場合にみなし譲渡の規定で，そこでその部分を，相続については債務控除というものがあるわけです。そういう二重の負担の調整をするというために，本来的には，債務控除という制度を念頭に置いた場合には，贈与でできないように思うのです。債務控除という制度は贈与にはないのですから。その点はどういうふうにお考えなのかということなのですが。

木村（愛知大学） 特に必要ないのではないかと考えております。財産をあげた人，もらった人の段階でいけば，もらった人が贈与税を払いますが，時価で取得したということになりますので，将来のキャピタルゲインに対しての課税は，そのあたりで問題がなくなっていくと思います。財産を渡した人，贈与者のほうで，1度その時点でキャピタルゲインの精算をされておりますので，特に問題にならないのではないかと考えております。

司会 引き続きまして，「譲渡していない相続人にも調整の効果が及ぶことも考えられます。課税方式は現行のままでよろしいでしょうか」という質問です。

木村（愛知大学） このような調整の効果が及ぶというのは，現行制度でも小規模宅地等の特例などでは，特例を受けた人だけではなく，ほかの相続人にも調整の効果が及ぶ。これを問題というのか，現行制度の仕組みがそうなっていると考えるのかによって評価は分かれると思い

ますが，そういうふうに考えると，現行の法定相続分に基づく遺産取得税方式では，これが普通の計算方式なのかなと思います。ただ，これが大きく問題だということであれば，完全に遺産取得税方式に変更するという，そのあたりを考えていくこともあるのかなと考えました。

司会 引き続きまして，「二重課税問題についての質問です。不動産はステップアップ方式がよいと思うのですが，取得費加算方式はおかしいのではないだろうか。ほかにも著作権についても問題があるのではないだろうかと思うのだけれども」というご質問です。

木村（愛知大学） 被相続人に対してみなし譲渡課税を行った後はステップアップするという，それが当然だと思いますし，時価で取得したということで，今後の譲渡所得，キャピタルゲイン課税は時価で取得したというふうに行うべきだと思います。取得費加算の現行方式はおかしい。確かに不十分だと思いますし，おかしい。理屈上は合わない。技術的に行われているだけではないのかと考えております。ほかにも著作権について問題があるというご指摘は，そのとおりだと思います。

司会 河音会員に対しましては，全世界所得課税から領域主義課税への移行ということに関するご質問と，無体財産権に対する軽課の方向性に関するご質問，そして州税への影響ということに関するご質問が挙がっております。まず初めに，

これは理事長に対する冒頭の質問と関連してきますので，関西大学の鶴田先生のほうから，全世界所得課税から領域主義課税への移行のところについて直接ご質問いただいてよろしいでしょうか。

鶴田（関西大学） 関西大学の鶴田ですが，先ほど理事長のほうに質問させていただきましたが，全世界所得課税から領土主義課税への方向に移っている国が最近非常に増えている。以前は国際課税というと全世界所得課税主義が原則で，それを外国税額控除で調整するというのが本則的な課税の仕方ではなかったかと思うのですが，それがフランスのような完全領土主義という方向ではなくて，外国源泉所得については本国では一切課税しませんという方式ではなくて，要するに，配当として本国に送金した場合には課税しませんという，非常に便宜主義的な領土主義課税方式が広がっているわけですね。これは，企業に対する税制の緩和の一環として見ることができるのではないかと思うのです。アメリカは従来は全世界所得課税主義で，実は私はアメリカが全世界所得課税主義をとって，しかも，法人独立課税的な方式をとっているのは，アメリカの，いわゆる危機回避といいますか，基軸通貨国としての特権的な役割を課税面で確保しているのではないか。特に租税条約の締結の際に，それを武器にして相手国に課税上の譲歩を引き出す手段になっているところがあって，私はそれが，従来アメリカがいろんな議論があ

りながらも独立課税方式を捨てずに統合方式に移らないという背景にあった事情ではないかと考えているのですが，そのアメリカが，なぜここに来て領土主義課税の方向に移っているのか。Avi-Yonahさんはこうした政策には反対で，移ると，何度も紹介されていましたが，結局，タックスヘイブンが蔓延している世界に，こういう領土主義課税を入れると，いってみれば多国籍企業のタックスプランニングに課税方式を従属させてしまうという恐れすらあるのではないかと思っているわけですね。ですから，アメリカが今回やったのは，トランプ減税の一環で，トランプのむちゃくちゃぶりが税制にも表れたと見るべきなのか，それともアメリカ全体として租税戦略としてそういう方向が客観的にやむを得ない方向として出てきているのか，そのあたりを説明いただければということです。今日の報告は非常に参考になりまして，すばらしい報告だったと思いますが，ぜひ補足的に説明をいただければと思います。

河音（立命館大学） 国際課税の原則論としては，私も鶴田先生とおおむね同じように考えています。TCJA までのアメリカは全世界所得課税にこだわってきた。そうしたアメリカの国際課税システムのあり方を今回の報告ではさしあたり「覇権国型」として特徴づけました。

全世界所得課税では，原理的にアメリカ多国籍企業の海外子会社の所得に対する課税権は有しているものの，アメリカ

政府は実際には本国送金時にしか課税できない。アメリカ多国籍企業はといえば，海外に所得を留保したままで一向に課税されない。さらにいえば，近年は単に所得を海外子会社に留保するだけではなくて，知識産業化とグローバリゼーションが進んでいる下で，移動性の高いパテントもどんどんと海外にもっていく。こうした多国籍企業の所得，その源泉としての無体資産の海外子会社への留保行動の進展が，本日の報告の第2表でお示ししたような，租税支出における海外子会社所得の課税繰延が21世紀に入って以降急増しているという形で現れているわけです。

報告でも申し上げましたが，オバマ政権は，こうした現状に対して全世界所得課税の強化という形で対処しようとした。2010年に外国口座税務コンプライアンス法（Foreign Account Tax Compliance Act，FATCAと略）という法律を成立させて，各国との多国籍企業の金融資産等に関する情報交換を進め，そのことによって海外子会社の所得を掌握して租税回避対策を強化して補足しようとしてきたわけです。

このように，オバマ政権のような全世界所得課税にこだわって国際的な租税回避に対処するという道もあるわけですが，今回のTCJAはそれとは180度異なった路線へと転換しました。全世界所得課税にこだわっていては，多国籍企業は海外に所得を留保し続け，政府がそれを追

いかけてもいつまでも「いたちごっこ」は続くわけで，全世界所得課税自体に無理があるのではないか。今日の現実に対応するためには，逆に海外子会社の所得に対する課税権を放棄した方が，海外に留保された所得が国内に戻ってくる分だけマシなのではないか。そうすれば海外でアメリカ企業が稼いだ所得がアメリカ本国に還流し，投資源泉となるではないか。TCJAの国際課税改革にはこのような考え方が底流にあるのだと思います。

ただし，それではこうしたTCJAに結実した全世界所得課税から領域主義課税への転換が，トランプ政権の無茶ぶりによるものだったのかといえば，私はそのようには考えていません。今回の報告では，領域主義への転換が，実はオバマ政権期の連邦議会において積極的な選択肢として検討され，共和党主導とはいえ，超党派での一定の合意があり，これがTCJAのひな型となったという点を紹介しました。

これは石村理事長の報告に対する先の質問とも重なりますが，トランプが退陣すれば元に戻るというような単純なものではないと私自身は考えています。そうした意味で，今回のTCJAの国際課税改革においてアメリカは非常に大きな不可逆的な転換に踏み出したのだと思います。その転換の本質は，これまでの覇権国的なあり方を放棄し，EU，日本をはじめとして既に先行してきた租税競争にアメリカもまた「普通の国」として参画する

ことを宣言した，ということになるのではないかと考えています。「普通の国」とはいっても，アメリカは超大国であることに変わりないのですから，これは他国にとっては大変な脅威だろうと思います。以上が私の見解です。

鶴田（関西大学） 無形財産所得に対して軽課の方向が出ているという１つの方向性と，もう１つは，それを軽課の方向と見るのか，それとも課税の適正化の方向なのか。なぜこんなことを言うかというと，きっかけになったのは，たぶんダブルアイリッシュ・ウィズ・ダッチサンドイッチという，グーグルやその他がやっているので有名になった節税法式がありますが，あの際に，知的財産権を特別な契約方式を使って，いわばアイルランドの子会社に移転させるわけですね。そこから税制回避的に営業活動をやって，全部収益をもう一方のアイルランドの子会社に集めて，間にまたオランダの子会社を通すというやり方で，しかも，それが今度はアメリカのCFCにも引っ掛からないというやり方をとったわけですね。そういうことに対してアメリカが，ある意味で知的財産権を使ってアメリカの多国籍企業が世界的に非常に多額の収益を上げているが，アメリカ国内ではそれなりに税を払っているからいいではないかという議論も一方ではあるのではないかと思うのですが，そういう戦略に対して，これを規制しようとするのか，それとも，それはそれとして放置した上で，それこ

そヨーロッパのパテントボックスに対抗する戦略の一環として，いわば無形財産所得に対する一面では軽課のような方向が出てきているのか。そのあたりのアメリカの戦略はどうなっているのかというあたりについて，もう少し教えていただければということです。

河音（立命館大学） この点も大変重要な論点を鶴田先生からいただきました。国境を超えた無形資産に対する課税については，先にいただいた全世界所得課税からの転換と並んで，今回の私の報告で強調したかった２大論点の一つだと考えています。つまり，先の鶴田先生の質問にありましたとおり，TCJAの第１の特徴が全世界所得課税から領域主義課税への転換であり，アメリカ多国籍企業の海外子会社からの本国還流配当に対する課税権の放棄であったとすれば，TCJAの第２の特徴は，無形資産に対しては全世界所得課税を保持し，別途の課税制度を設けている，という点です。具体的には，今回の報告で申し上げたとおり，TCJAは，無形資産に対する課税として，GILTIとFDIIという二つの制度を新設しました。

この２大論点の関係については，Tax FoundationというシンクタンクのPomerleauという方が次のような整理をしています。すなわち，TCJAによって新たに敷かれた国際課税システムは，全世界所得課税から領域主義課税への転換ではない。海外からの配当還流非課税は

通常所得に対するのみであり，無形資産に対しては全世界所得課税が残っている。TCJA は，無形資産から派生する所得に対する課税とそれ以外から派生する所得に対する課税とを区別して行う，その意味でハイブリッド・アプローチなのだというわけです（Pomerleau（2018），pp. 11-12）。今回の私の報告も基本的にこの整理を踏襲しています。

その上で，知財をはじめとした無形資産に対する課税がどのような仕組みで構成されているのかといえば，本来はもう少し詳細な検証が必要だとは思うのですが，さしあたり私は，TCJA では，EU 諸国のパテント・ボックスに対抗するために設けられた，FDII がまずありきだと考えています。つまり，アメリカ国内の無形資産に対してまずは優遇措置を講じる。TCJA では，法人税率の大幅引き下げにより既に相当程度軽減措置がとられているわけですが，国内無形資産に依拠して海外で稼いだ所得についてはそこからさらに半分を所得控除する，というのが FDII です。こうした意味で，TCJA の無形資産課税は，まずは軽課措置であり，欧州諸国のパテント・ボックス対抗措置だということです。

では GILTI の方はどういう理屈になっているのかといえば，FDII を新設したわけだから，国内の無形資産に派生する所得との中立性を保つ必要があるとのロジックで，GILTI が位置づけられています。それゆえ，GILTI については，全世界所得課税に依拠した課税強化という側面があるわけですが，それは海外保有無形資産の国内回帰を期待してのことであり，他方では FDII との中立性という観点から，その税率は国内法人税率と比べれば軽課されているわけです。

この後の湖東先生からいただいている質問にも関わることですが，FDII と GILTI とをセットとして捉えるというのが TCJA の立法者たちの理屈です。そのように制度設計を説明することにより，WTO 協定違反だとする批判を回避する，という意図があるように思います。つまり，FDII だけですと，国内無形資産に依拠して稼いだ所得のうち，輸出で稼いだ所得に対してのみ，軽減措置を適用するわけですから，これは輸出補助金と同じであり，直接税の仕向地主義を禁止するという WTO 協定に違反することになります。先の FDII と GILTI とは一体だというロジックはこうした批判を回避するという意味があると思います。

無形資産課税についてもう 1 点補足的に論点提起をしたいと思います。今回の報告では十分展開できなかったのですが，FDII，GILTI による無形資産課税については，無形資産から派生する所得をどのように計測するのかという点にもまた，大変興味深い，検討すべき論点があります。無形資産を対象とするといっておきながら，GILTI にしても FDII にしても，実際のその所得の計測は，有形固定資産に対する利益率の 10% 超の超過利潤を

無形資産から派生した所得と見なすという非常にシンプルなものになっています。いわば超過利潤を無形資産から派生した所得として理解するということです。

こうした所得の計測手法は，EU諸国のパテント・ボックス課税とも，またこれまでアメリカ課税当局が移転価格税制において採用してきたディスカウント・キャッシュ・フロー法（DCF法）をはじめとした，個々の所得の派生要素を詳細にトラックするという手法とは対極をなしています。こうした計測手法のシンプル化のもつ意味について考えるという論点があろうかと思います。

鶴田先生が指摘された，ダブル・アイリッシュ・ウィズ・ダッチ・サンドウィッチというアメリカ多国籍企業の欧州統括子会社を活用した租税回避スキームに対して，アメリカ徴税当局のIRSは，移転価格税制におけるDCF法の採用を通じて所得補足を試みてきました。DCF法とは，アメリカ多国籍企業の本国親会社から海外子会社に移転された無形資産から将来得られるであろう所得を計算し，その価格でもって移転価格を引き直して課税することにより，アイルランドなど低税率国に移転された無形資産から派生する所得を捕捉しようとするものでした。アマゾンが——この場合は2社を設立したのはアイルランドではなくルクセンブルクでしたが——，こうしたIRSの移転価格税制の適用に対して提訴し，2017年に連邦租税裁判所にてアマゾン勝訴と

いう判決が出ました。その詳細は省きますが，海外に移転された無形資産から派生する将来所得を移転価格税制で補足することは不可能であることが現実となっているわけです。

こうした現実がある下で，TCJAのGILTIが出されてきているということを考える必要があるように思います。つまり，海外に保有された無形資産からの課税については，DCF法を含め，その価値評価という点で様々な試みがなされてきたわけですが，それが徴税当局にとって失敗に終わっているという現実がある。こうした下で，一定の閾値をもって超過利潤と見なし，さらにこれを無体財産から派生した所得と見なすという，TCJAが設けた新たな制度のもつ意義を検討する必要があるように思います。

司会 続きまして，今もお話にあがっていました無体財産に対する軽課について，これが事実上のパテントボックス課税に当たり，WTOルールに違反する輸出補助に当たるのではないかということが河音先生の報告にあったのですが，これとの関係でアメリカの考え方が，いわゆるValue Added Tax，消費税，付加価値税に対する貿易戦争が背景にあるのではないでしょうかということで，税理士の湖東先生からご質問が上がっていますが，これについて，湖東先生，特に補足は。

湖東（税理士） 今のご説明を河音先生にしっかりやっていただけたので，私は何も言うことはないのですが，一言だけ

申します。トランプだけではなくて，ず
っと歴代のアメリカの内閣も政府も付加
価値税に対する被害者意識が強い。この
被害者意識は対抗意識でありまして，
WTO から脱退するぐらいの勢いですね。
メキシコに壁をつくるというのも同じで
す。要するに，やつらは自国の産業を守
らなければならないというところで，一
国主義，アメリカ・ファーストになるわ
けですね。これが背景にあるのではない
かなと思うのですが，先生の考え方をお
聞かせください。

河音（立命館大学）　湖東先生からいた
だいた質問のうち，TCJA における FDII
が WTO に抵触しているのではないかと
いう部分については，先ほどの鶴田先生
の質問で一定リプライしましたので，こ
こでは再論いたしません。ただし，湖東
先生と同様の疑念は，Avi-Yonah らをは
じめとした，どちらかといえば TCJA に
対して批判的なアメリカ税法学者におい
ても共有されているということを申し添
えておきたいと思います（Avi-Yonah,
et. al.（2019）pp.1499-1503）。

　湖東先生が指摘された，アメリカには
付加価値税をもっていないがゆえのコン
プレックスがあるのではないか，という
点については，私も全く同様の印象を持
っています。周知の通り，また湖東先生
のご指摘の通り，アメリカは中央政府レ
ベルで付加価値税をもたない，先進国で
希有な国です。ただし，付加価値税をも
たないがゆえに，消費大国アメリカとい

う希有な経済が存在しうるという側面も
あるように思うのですが，この点につい
ては，今回は措いておきます。

　政策論争では，付加価値税導入を提起
するのは民主党リベラル系の学者たちが
多いのですが，湖東先生の質問の意図は，
付加価値税が輸出促進的であるという性
格とトランプ政権の保護主義的貿易政策
との関連を問われたものだと思います。
十分な答えになるか分かりませんが，付
加価値税コンプレックスともいうべき議
論は，TCJA の政策形成過程においても，
同法の立法過程を主導した議会共和党指
導者たちを中心に積極的に展開されまし
た。こうした議論を紹介することで答え
に代えたいと思います。

　今回は報告しなかったことですが，ト
ランプ政権下で TCJA に至る税制改革
が議論される中，下院の共和党指導部が
税制改革の中に国境調整税を盛り込もう
という動きがありました。国境調整税と
は，単純にいえば法人税を仕向地ベース
に転換するというもので，政策的なロジ
ックとしては，TCJA の大幅減税の財源
確保のために持ち込まれたという経緯が
あります。つまり，中長期的にはともか
く，短期的には輸入大国アメリカでは，
法人税を仕向地主義に転換することによ
り，輸入品に対する課税強化で増収が期
待でき，大規模減税の代替財源となり得
る。さらに国境調整税はトランプの掲げ
る保護貿易主義にも合致する。政治的に
はこうした意図の下，議会共和党指導部

が国境調整税の導入を主張したのですが，これを国民向けに説明する政策文書では，国境調整税が他の先進諸国における付加価値税に対抗する手段として説明しています。つまり，ヨーロッパや日本には付加価値税があり，これは事実上の輸出促進税制である。これに対抗する有効な税制をアメリカは有していない。だから国境調整税を導入して租税システム上の競争劣位を回復するのだと彼らは言うわけです（Ryan and Brady（2016））。こうした認識がどこまで浸透しているのかは別問題ですが，付加価値税なきアメリカという租税システムが通商政策上のディスアドバンテージになっているという主張は根強く存在しており，その典型的な表現が国境調整税の導入において見られるように思います。

司会　もう1問，東京税理士会麻布支部の山本健治先生からご質問があるのです。「トランプ税制改革の州税の部分についての影響を先生が報告の中でしていたと思うのですが，州税への影響というところを，現時点でどのように考えたらよろしいでしょうか」ということがご質問の趣旨です。「例えば日米租税条約上の配当の免除のような，そういった具体的な適用関係みたいなことまで影響しているのでしょうか」というご質問です。

河音（立命館大学）　私は税法学者ではありませんので，細かい部分については勉強不足のため正確を期した回答になるか疑わしいところがありますが，可能な範囲で答えたいと思います。

まず，州・地方税と今回のTCJAとの関係ですが，これは今回の報告ではオミットした，個人所得税の領域において大きな論点となっている問題です。論点は2点あります。

第1点目は，TCJAが，SALTと呼ばれる，州・地方政府の所得税の所得控除に上限を設けたという点です。従来は，州・地方政府が課税する所得税額については，全額が控除された上で，連邦の個人所得税の課税ベースが算定されてきたわけですが，TCJAはこの所得控除額に1万ドルという上限を設けました。絶対額で所得控除の上限額が設けられたので，州，地方所得税の高い州・地方政府にすむ中産階層以上の人——それは往々にしてリベラル州の住民となるわけですが——ほど，SALTの上限を上回り，実質所得税増税となることになります。こうしたTCJAによるSALTに対して，相対的に高い税負担を課している州，地方政府がどのように対応するのか，ということが問題となっています。

第2は，TCJAの個人所得課税の変更——そのほとんどすべては2025年までの時限立法ですが——による連邦の課税ベースの変更に対して，州・地方政府がどのように対応するのか，という問題です。この点は，Tax Policy CenterのRichard Auxierという方が詳細に論じています。すなわち，TCJAは今回，時限立法とはいえ相当広範囲にわたって連

邦所得税の課税ベースをいじっているわけです。アメリカの場合，建前上連邦政府と州政府，地方政府は独立した存在ですが，所得税の課税ベースの算定にあたって連邦の規定を準用している州，地方政府も少なくありません。TCJAの場合，所得税率の一律減税との相殺措置として，課税ベースの拡大があるわけですが，州，地方政府は税率を変更しないので，課税ベースをTCJAにあわせる——Conformityといいます——場合，その州，地方政府は自動的に増税をすることになります。TCJAの課税ベースの変更——しかも2025年までの時限措置——に対して，コンフォームして州民からの増税批判を受けるのか，それとも別の道をとるのか，こうした複雑な過程が各州，地方政府で対応を迫られているということです。

これらのことと，質問をいただいている租税条約との関係は正直よく分かりません。税法に暗いため，申し訳ありませんが，この点については，石村先生に補足いただければと思います。

石村（白鷗大学） 簡単にいえば，州で払った税金を連邦で税額控除できるかどうかというのが論点の1つです。それからもう1つは，日本の地方税法のような法律（モデル法）がないものですから，それぞれ州によって税制が違うわけです。多くの州は州の課税ベースに連邦の課税ベースを採用しています。ですから，そうした州では，連邦が減税すると地方の課税ベースが減るということになるので，そこのところが論点になります。

司会 次に，一由会員に対するご質問に移りたいと思います。まず，ACEの導入にかかわるご質問を2点，あと，一由先生がイギリスのマーリーズ・レビューをベースとしたお考えの中で詳細な部分の影響ということに関するご質問を2点，あと，石村理事長から単純な用語の確認ということでご質問があります。

まず，冒頭で確認の質問ということなので，私のほうから代読させていただきます。石村理事長から，これは安井先生にも聞いているのですが，「イギリスやドイツにおいても損金，益金の概念を採用しているのですか。いわゆる国際会計基準とのコンバージェンスの議論を含めて考えた場合，こういった用語の使い方についてご教示ください」ということです。

一由（税理士） ここの用語ということになりますと，明確なお答えができないのですが，基本的に英国においても収入から経費を控除することで所得計算されていますので。

石村（白鷗大学） ですから，所得税の事業所得と法人税と計算の仕方は同じですから，日本のような益金，損金の概念はありませんから，そこをおふたりとも単純に益金，損金というふうな用語の使い方をしていいのかどうなのか。私がアメリカの法人税について書くときは，益金，損金は日本で比較するときにどうい

185

うふうにやったらいいかコンバージェン
スの問題を考えながらやっています。博
士論文を書かれているようですから，日
米の違いを認識しないで論文を書かれて
も，私はちょっと通せないというふうに
なってしまいます。ここのところをおふ
たりともどう考えていらっしゃるのかと
いうことです。あるいは，ドイツでも益
金，損金という概念はあるのかもしれま
せんから，そこのところをお答えくださ
い。イギリスではたぶんないと思います。

安井（立命館大学） ドイツでは，法人
税法が所得税法の特例という位置づけに
なっていて，法人にも所得税法が適用さ
れますが，石村先生ご指摘のとおりドイ
ツでも益金や損金という用語ではなく，
あくまで事業収入，事業支出という用語
が用いられます。ただ，今回，日本で説
明しておりますので，その説明を便宜上
ということで，益金や損金という言葉を
使わせてもらっています。なので，正確
に議論するときには，当然それは分けて
やるべきだと思っていますので，それは
一由先生も一緒だと思います。

司会 それでは，ACE の導入に関する
質問につきまして，おふたりからご質問
が上がっています。まず，関西大学の鶴
田先生より，ACE を導入することにつ
いての影響ということに関しましてご質
問があります。

鶴田（関西大学） 報告者は ACE を導入
して税率を下げるという方法でやると，
企業のほうの収益率が上がって，そのこ

とが外国から企業を招くことになって国
内経済が成長軌道に乗るのではないかと
いう見通しで提案されているのではない
かと思うのですが，ただ，ACE にしろ，
Comprehensive Business Income Tax
（CBIT）にしても，これは，いわゆる包
括的所得税に基づく法人税の場合に，デッ
トとエクイティの課税上の格差がある
ことが 1986 年のレーガン税制改革のと
き以来宿題になっていて，それで 92 年
にアメリカ財務省で報告書が出されて
CBIT が提起され，それと対抗するかの
ようにイギリスで ACE が提起されてき
たといういきさつがあるということはご
存じだと思うのですが，その場合，ACE
は，結局，超過利潤だけに課税する税制
ですね。ですから，法人税の中で超過利
潤だけ，つまり通常の利潤は課税の対象
から外れてしまうことになるわけですね。
一般に ACE を導入した場合に，超過利
潤だけの課税になりますから，税収は大
幅に減る。ですから，もとの税収を維持
しようとすると，どうしても税率を引き
上げざるを得ない。ですから，税率の引
き下げと ACE の導入を同時にやるとい
うことは，たぶん税収はほとんど上がら
なくなって，それで企業は潤うのかもし
れませんが，一国の経済が本当に成長に
乗るのかどうかということについては，
若干私は疑問に思っているわけです。そ
れだけでなくて，ACE とか，あるいは
キャッシュフロー法人税とかいろいろな
提案が外国の，特にマーリーズ報告では，

それが通常の提起になっているかと思いますが、私は、最後は今の税制に戻ってくるような感じがあって、法人税のいろんな中立性に基づく議論はありますが、結局それは机上の空論みたいなところがあって、そこに落ち着くということは、実務的には、あるいは実行可能性という点でいくと、ほとんど不可能ではないかとすら思っているわけですね。そういう中で、ACE に基づく税制を日本でも考えたらどうか。しかも、その際、税率を引き下げればというふうに提案されると、私は、それで本当に日本が成長軌道に乗れるかという点で疑問に感じているのですが、そのあたりをどう考えておられるのかということを教えていただければということで質問させていただきました。

一由（税理士）　ACE を導入しますと、課税ベースの拡大という方向からは逆方向に至る政策になると思いますので、法人税単独でいえば、当然減収という状態になるかと思います。マーリーズ報告書の改革案は、税制全体で歳入を維持して、その中での個別の税制の根本的な問題点、税制にとっての普遍的な考え方を是正すべきだという論理に立っているのだと思います。いわゆる所得概念を基本的、根本的にさかのぼって考え直して、取得型、発生型の所得概念から、消費型、支出型の所得概念へ変換することが、税にとっては普遍的な改革論であるというところに根本的に立っています。言葉を換えますと、個人の社会への寄与度を基準とす

るのではなくて、社会から取り出したものを基準として税を課すという根本的な考え方に変えるべきだというところになっています。ですから、ACE を導入することの減収分は他の税を上げるなどにより、税全体の歳入維持を図る。簡単にいいますと消費ベース型で、生涯所得で税を負担しろという発想になっていますから、付加価値税ないしは消費税を税収の基盤とすべきだという考え方があると思うのです。所得概念を変えて個人所得税、法人所得税において、法人には ACE を、個人所得税には RRA（Rate of Return Allowance）を入れて、個人の資産課税の正常収益は課税から免除する。そのかわり資産所得は労働所得よりも強く課税する。これが本来の税の根本的な考え方で、それは守らなければいけないということをいっているのだと思います。その現実性というものを当然考えなければいけませんが、やはり根本の理論から、税がどうあるべきかということをもう１度考えて、税制をどのように構築すべきなのかというのを、誰かが発言していかなければ、税収はどうするのか、こうするのかということだけで、措置法なり優遇制度等が広がってしまって、根本がゆがんでしまうというのであれば、それは税の改正への意見の発言の仕方としては、違うのではないかと思います。

鶴田（関西大学）　根本的に税制のあり方を考えなければいかぬ、それはそのとおりだと思うのですが、要するにキャッ

シュフロー法人税にしても，ACE にしても，すべては基準が中立性と効率性だけなのですよね。私が言いたいのは，公平性はどうなっていますか。所得税にまで所得から消費に課税ベースを移して消費ベースの支出税のようなものを導入しようというのがセットになっているわけですね。そうなると，個人所得税も，結局非常に不公平な税制になって，法人税もがたがたになって，果たしてそれでどこに課税ベースを求めるのでしょうか。では，資産課税でいくのですかというと，資産課税にはいきそうにないですね。私は資産課税を，例えば富裕税とか，その他の新税が必要ではないかと思いますが，世界的に見ても富裕税が後退しているということで，いったいどこに税収を求めて福祉国家を支える財源を確保したらいいのでしょうかということになってきかねないのですね。そういう意味で，先生の言われるマーリーズ報告はそういう方法をとっていることは事実だと思いますが，それで税制が成り立つのかどうかということについては，私は疑問だということは申し上げておきたいと思います。

司会 今の鶴田先生のお答えに関連して3名の方から同じような質問が来ていまして，ACE を導入して，なおかつ法人税率を下げる，しかも，逆にいうと小規模法人に対しては個人所得課税を行うというのが一由先生の最後のところのご提案，考え方ということになると，この公平性というか，アンバランスをどのように考えるのかということについて，税理士の湖東京至先生と松井吉三先生おふたりからそういう質問が出てきているのですが，この点について，一由先生のお考えはいかがでしょうか。

一由（税理士） 現実的に今，税理士をやっていまして，一歩この場所から離れますと，節税という部分でお話しすることになる。節税といえば真っ先に法人化ですね。いわゆる小規模，ワンオーナーの小さな会社が経済活動のために本当に活用されているのかということでいきますと，非常に疑問を感じます。そういう意味では，そういった，いわゆる企業の顔を持った個人は個人課税で平等になると思います。協働事業体としての規模が伸びていったところで法人税を課すということでよろしいのかなと思います。国際的なグローバルになった時点では，これはもう全然違う面で課税の方法を考えないと，やはり国際間の競争には負けてしまう。私の感覚的な考えかもしれませんが，法人税はそのように変えていったほうがいいのではないか。やはり今，小規模企業のところで法人間の平等というよりも，個人所得課税の面でものすごい不公平が生じていると，現場に携る者としてはそう思います。

湖東（税理士） 鶴田先生が言われた最後のところなのですが，税金の公平性というところが，今，個人事業者の中で法人成りしたところが有利で，実際の個人を法人成りしないところとの間の不公平

があるというお話です。それは極めて現象的な，技術的な不公平でありまして，そういう問題ではなくて，例えば，なぜ個人事業税が，個人の事業所得に対する税金がこんなに重いのか。だから法人成りするという，その前の段階の公平性が大事だろうと私は思っています。例えば所得税の税率が5から始まって，住民税10でいって，法人のほうが安いわけですよ。こういうことをつくっておいて，公平性の問題の議論をきちっとしないと間違ってしまうと私は思います。法人税は超過累進税率にすべきです。こうしないと所得税との本当の公平が保てない。法人税はグローバルだといわれますけれど，これは国内の問題として非常に重要な問題だと私は思っています。毎日の仕事をしていると，そういうことは感じることもあるでしょうが，それは現象面の不公平で，税法としての根本的な不公平というのは，もうちょっと別のところにあるのではないかと思います。

　それから，法人税を3つに分けるというのはアイデアとしては非常におもしろいし，そこから実際の応能負担原則といって，ないところから取らない，滞納の起きない税制を考えてスタートすれば，私はもうちょっといい結論が出るように思うのですが，結局，最終的には財界のいっていることと同じことになるという感じがしてならないですね。

松井（税理士）　マーリーズ報告のサマリーをありがとうございました。一方で，

先生は，小企業を個人とみなすというのは，私は極めて包括的所得税の考え方に近いと思います。ところが，大企業に対してACEを導入するという。ACEというのは，先ほど先生が言われたように支出税の延長で，貯蓄を非課税にしたり優遇にしたりするという考え方で，私は概念的に合わないと思うのですけど，そこら辺はどう調整されるのか，ご意見をお聞かせください。

司会　おそらくおふたりと一由先生と，公平感の理解が違うのではないかなと思っています。一由先生，今の個人に対する部分と法人に対する部分の課税のアンバランスということについて，先生のお考えから見ると，湖東先生はご意見ということだったのですが，一由先生ご自身としてのお考えはいかがでしょうか。

一由（税理士）　まず，ACEは，もし導入するのであれば，法人全体に導入すべき普遍的原理に等しい制度なのかなというふうに私は理解しています。ですから，法人税という枠組みの中に入るのであれば，大・中小に関してもACEは導入すべきだと思います。ただ，本当に法人の仮面を持った個人事業体は法人格否認というような論理になるのかわかりませんが，個人所得税で課税すべきだと思います。個人所得税のほうについては，個人所得税の中での資産課税重課という考え方を持っています。個人所得税と法人所得税で，法人税というのは，究極的には誰が負担するのだろうと考えれば，結局

は個人なのではないか。であれば，法人税に累進税率を入れることが平等なのだろうかと思います。大企業は，社会的に制度化していて所得分配機能を持っているわけですから，分配された所得に対して税をかけていくという全体構造にすべきなのではないかなと私は今考えています。

司会 今，実は一由先生のお答えの中にも入っていたのですが，青山学院大学の藤間会員から，超過利潤（レント）に対する課税を徹底するということであれば，個人所得税についてもそういった一定の見直しが必要ではないかということで，それについてのご質問もありますが，今のお答えの中でよろしいですか。ということで，一由会員に対するご質問は以上で終わりましたので，質疑をこれで終わりにします。

　次に，安井会員に対する質疑のほうに移らせていただきたいと思います。お帰りになられて，私，代読するようにということでご指示をいただいています広島修道大学の奥谷会員から，まず1点目のご質問として，「2008年改革においてSteuergestaltung（租税形成）についてはどのように対応されたのでしょうか。課税ベースの拡大との関連で行われたのでしょうか」というご質問があります。

安井（立命館大学） Steuergestaltung，租税操作とも訳されますが，これが2008年改革ではどういう対応をしたのかということなのですが，その対応とし

て，「支払利息の損金算入の制限」が挙げられます。通常，借入金に対する支払利息は会計上費用であり，税法上も損金となりますが，これを前提とすると，グループ会社間で資金の借入れが行われた場合，借り入れた会社から貸し出した会社への所得の移転が可能となります。そこで，この支払利息の一部の損金算入を制限することによって，それを規制するという形で，恣意的な所得振り替えができないようにという形で，これはある意味，課税ベースの拡大とも関連して行われたということになります。

司会 続きまして，関西大学の鶴田先生と奥谷会員から，それぞれ繰越欠損金に関するご質問をいただいていまして，まず，理論的な背景ということに関して，鶴田先生からのご質問，「欠損金の繰越しは，本来，理論的には無制限とすべきだとの考え方がありますが，ただ，課税ベース全体のあり方とかかわらせなければ，課税ベースを大幅に縮小する結果になりますが，その点についてはどのようにお考えでしょうか。

安井（立命館大学） 確かに繰越欠損金を無制限に認めるということになりますと，現状に比べれば課税ベースは縮小するということになりますが，それは，例えば今の日本の形で単年度所得に対して50％しか損金算入を認めないという制度になっておりまして，これは，課税の繰延べという形で，基本的にそれは無制限に認めて，ただ，単年度では所得の50％

を確実に納税してもらいますよというところで置いておけば，おそらくは問題ない。日本の平成27年，28年の税制改正はそういった形で課税ベースを拡大しています。ただ，現状，10年しか繰り延べできないというところになると，その10年を越えてしまって欠損金を使えないということになると，本来所得のないところに対する課税ということになりますので，やはりそれはよろしくないだろうと思いますので，こういう単年度での欠損金の損金算入制限を入れるのであれば，その繰越期間に関しては無制限に認めるべきではないのかなというのが私の考え方で，ドイツもそういう考え方をとっています。それであれば，ドイツでは憲法上の応能負担原則に反しないだろうという形をとっていますので，その点ではドイツの考え方をとったほうがいいのかなと私は思っています。

鶴田（関西大学）　その場合，先ほどの質問の中でもふれていましたように，ほかの部分の課税ベースで欠落しているものがたくさんまだ日本では残っているわけですね。そのあたりを根本的に見直して，課税ベースのあり方として何が適正かということがはっきりした上で，理論的には無期限に繰り越すのが本来的なあり方だということであれば理解しやすいのですが，そこが抜けたまま，本来のあり方に戻すというので，ドイツもそうしているから，そのほうがいいのではないかというのは，ちょっとどうかなという

意味合いだったのですが。

安井（立命館大学）　質問趣旨を取れずに申し訳ないです。私の能力不足というところがありますので。そうですね。全体的に法人税制の課税ベースをどうすべきかというところは当然検討すべきだと思いますが，私の能力不足のため，現状ではそこまで検討できておりません。今後そこは私の宿題にさせていただきまして，それとの兼ね合いで，この欠損金のあり方に関しても考えていきたいと思っています。

司会　続きまして，広島修道大学の奥谷会員から，「客観的純額主義というのは，当該年度の所得を把握することではないでしょうか。欠損金の無制限繰越をどのように理由づけるのでしょうか。むしろ繰越しは不要ということにもつながるのではないでしょうか」というご質問です。

安井（立命館大学）　ドイツにおける客観的純額主義の話なのですが，ドイツでは，そもそも欠損金の取扱いは所得税法に規定されていて，これが法人にも適用されるということなので，法人に対する欠損金の繰越無制限というのは個人に対しても同じで，ドイツでは生涯所得に対してトータルでの担税力を見出すので，そういうのは意識されていて，個人の場合は誕生から死亡までという生涯所得なのですが，それを法人に置き換えれば，設立から解散までの，いわば生涯所得。そういった形で，それに対する課税をすべきなのだという発想がありますので，

欠損金に関してはすべて無制限に繰越しという発想がある。そういったところが客観的純額主義という考え方になっているので，そういった発想がドイツではあるのだということになります。これで答えになっているかどうかわかりませんが，私が理解するドイツの制度ということでは，以上のようになります。

司会 続いて，同じく広島修道大学の奥谷先生から，今のお答えの中にも少し入っていましたが，「所得税における欠損金の繰越しはどう考えるべきでしょうか。当然認められるべきという場合，あるいは青色申告の特典になっているということをどう評価されますでしょうか」というご質問です。

安井（立命館大学） この辺は先ほど鶴田先生のお話にもあったとおり，所得税において現状，青色申告者に関してはたしか３年間でしたか，事業損失に関しては繰り越せたはずなのですが，それ以外は認められていません。これをどこまで認めるべきなのかということなのですが，単純に企業と同視し得るような事業所得者に関しては同様の制度を認めるべきではないのかなと思われますが，先ほど鶴田先生がおっしゃったように，ほかの課税ベースの問題との関係で，そこだけ変えるとなるといろんなひずみも出てくるかもしれませんので，そのあたりは，私としては，欠損金単独でいった場合には，

やはり無期限の繰越しにすべきだろうと思うのですが，そういうふうにするためには様々な問題をクリアにした上で，私の考えでは最終的にそうすべきだと思っていますので，そう定義できるような全体的な税制のあり方を今後検討してみたいと思います。

欠損金の繰越しを無制限に認めるべきだということを前提とした場合に，現状，所得税においては，法人税もそうですが，基本的には青色申告をしていないと欠損金の繰越しは認められないということですが，果たして青色申告にする特典としてこれを認めるべきなのか。これはドイツの欠損金のあり方と考えると，法人ないし個人の担税力をはかる上での欠損金というのは考慮して当然だということからすれば，それが青色申告の特典となっているのはおかしいと思いますので，さもおいしいもの，特典であるということで説明されるのはいかがなものかと私は思っております。これは先生方のいろいろなご意見を伺えればいいと思います。時間がありませんので，また折を見て先生方のご意見を伺いたいと思っております。

司会 皆様方のご協力をもちまして，なんとか終了の予定時刻内に質疑討論を終えることができました。ありがとうございました。

日本租税理論学会規約

(1989年12月9日　制定)
(2002年11月16日　改正)
(2011年11月12日　改正)

第1章　総　則

第1条　本会は、日本租税理論学会（Japan Association of Science of Taxation）と称する。

第2条　本会の事務所は、東京都に置く。

第2章　目的及び事業

第3条　本会は、租税民主主義の理念に立脚し、租税問題を関連諸科学の協力を得て総合的・科学的に研究することを目的とする。

第4条　本会は、前条の目的を達成するために、左の事業を行う。

　1　研究者の連絡及び協力促進
　2　研究会、講演会及び講習会の開催
　3　機関誌その他図書の刊行
　4　外国の学会との連絡及び協力
　5　その他理事会において適当と認めた事業

第3章　会員及び総会

第5条　本会は、租税問題の研究にたずさわる者によって組織される。

第6条　会員になろうとする者は、会員2人の推薦を得て理事会の承認を受けなければならない。

第7条　会員は、総会の定めるところにより、会費を納めなければならない。3年の期間を超えて会費を納めない場合は、当該会員は退会したものとみなす。

第8条　本会は、会員によって構成され、少なくとも毎年1回総会を開催する。

第4章　理事会等

第9条　本会の運営及び会務の執行のために、理事会を置く。

　理事会は、理事長及び若干人の理事をもって構成する。

第10条　理事長は、理事会において互選する。

理事は、総会において互選する。

第11条　理事長及び理事の任期は、3年とする。但し、再任を妨げない。

第12条　理事長は、会務を総理し、本会を代表する。

第12条の2　理事会内に若干人の常任理事で構成する常任理事会を置く。任期は3年とする。但し、再任を妨げない。

第13条　本会に、事務局長を置く。事務局長は、理事長が委嘱する。

第14条　本会に、会計及び会務執行の状況を監査するために、若干人の監事を置く。監事は、総会において互選し、任期は3年とする。但し、再任を妨げない。

第14条の2　理事会は、本会のために顕著な業績のあった者を顧問、名誉会員とすることができる。

第5章　会　計

第15条　本会の会計年度は、毎年1月1日に始まり、その年の12月31日に終わるものとする。

第16条　理事長は、毎会計年度の終了後遅滞なく決算報告書を作り、監事の監査を経て総会に提出して、その承認を得なければならない。

第6章　改　正

第17条　本規約を改正するには、総会出席者の3分の2以上の同意を得なければならない。

附　則

第1条　本規約は、1989年12月9日から施行する。

日本租税理論学会理事名簿 〔 * は常任理事会構成理事 〕
　　　　　　　　　　　　　　〔 ○ は名誉教授 〕

（2018 年 4 月現在）

理　事　長	石村　耕治（白　鷗　大）
事 務 局 長	髙沢　修一（大 東 文 化 大）
理　　　　事	

〔財政学〕
*○安藤　実（静　岡　大）　　内山　昭（京都・成美大）
*梅原　英治（大 阪 経 済 大）　後藤　和子（摂　南　大）
篠原　正博（中　央　大）　　関野　満夫（中　央　大）
*鶴田　廣巳（関　西　大）

〔税法学〕
阿部　徳幸（日　本　大）　*○石村　耕治（白　鷗　大）
伊藤　悟（日　本　大）　　浦野　広明（立　正　大）
小川　正雄（愛 知 学 院 大）　*黒川　功（日　本　大）
小池　幸造（元静岡大・税理士）　湖東　京至（元静岡大・税理士）
田中　治（同 志 社 大）　　千葉　寛樹（札 幌 学 院 大）
*長島　弘（立　正　大）　　*中村　芳昭（青 山 学 院 大）
*浪花　健三（立 命 館 大）　水野　武夫（立 命 館 大）
*望月　爾（立 命 館 大）

〔税務会計学〕
朝倉　洋子（税　理　士）　　浦野　晴夫（元 立 命 館 大）
粕谷　幸男（税　理　士）　　菊谷　正人（法　政　大）
*髙沢　修一（大 東 文 化 大）　○富岡　幸雄（中　央　大）
山本　守之（千 葉 商 科 大）

監　　　　事	小山　廣和（明　治　大）　小山　登（LEC 会計大学院）

事務所所在地　〒 175-8571　東京都板橋区高島平 1-9-1
大東文化大学経営学部髙沢研究室内
日本租税理論学会
（郵便振替　00110-9-543581　日本租税理論学会）

租税理論研究叢書 29

令和元年12月7日　初版第1刷発行

税 制 改 革 の 今 日 的 課 題

編　者　日 本 租 税 理 論 学 会

発行者　日 本 租 税 理 論 学 会

　　　　〒175-8571　東京都板橋区高島平1-9-1
　　　　　　　　　大東文化大学経営学部髙沢研究室内

発売所　株式会社　財経詳報社

　　　　〒103-0013　東京都中央区日本橋人形町1-7-10
　　　　電　話　03（3661）5266(代)
　　　　ＦＡＸ　03（3661）5268
　　　　http://www.zaik.jp

落丁・乱丁はお取り替えいたします。　　　　印刷・製本　創栄図書印刷
©2019　　　　　　　　　　　　　　　　　　Printed in Japan 2019

ISBN　978-4-88177-463-2

租税理論研究叢書

日本租税理論学会編   各 A 5 判・150〜250頁

23　税制改革と消費税　　● 4200円

社会保障の安定財源を確保する観点から，消費税率の引上げを柱とする税制改革が進められようとしている。財政学，税務会計学，税法学の研究者と実務家らが，消費税の宿罪ともいえる様々な難点を徹底的に討議する。

24　格差是正と税制　　● 4500円

世界各国における所得格差の拡大と貧困の累積についての実態が明らかにされるなか，その是正に果たす税制の役割について検討。諸氏の問題提起論文と討論を収録。

25　国際課税の新展開　　● 2800円

リーマン・ショック後の国際課税制度，居住地国課税原則をめぐる社会変化，電子商取引と国際二重課税，租税条約適用の問題点，グローバル化の中での我が国の対応，通商的側面からの消費税，BEPS と国際課税原則などを掲載。

26　中小企業課税　　● 2800円

中小企業の課税状況の現状と今後の課題から，アメリカの法人税改革 S 法人課税，外形標準課税の中小企業への拡充問題，中小企業会計基準の複線化に伴う公正処理基準などを取り上げ，討論や一般報告も収録。

27　消費課税の国際比較　　● 2800円

わが国における消費税引上げに伴う一連の展開を受けて，英国，ドイツ，カナダ，EUなど諸外国の消費税についての研究報告を中心に，消費税の国際比較に関する討論や税理士のあり方，英国の高額所得課税などの研究報告も掲載。

28　所得概念の再検討　　● 2800円

イギリス型の支出税構想，ドイツの市場所得概念から，わが国の法人税法上の課税所得概念のあり方に至るまで，所得概念に関する研究報告を踏まえて，研究者と実務家が一体となって，多角的に討論を展開する。

表示価格は本体（税別）価格です　　　　　　　10号〜22号のバックナンバーもございます